REMARQUES

D'UN FRANÇAIS,

OU

EXAMEN IMPARTIAL

DU LIVRE

DE M. NECKER,

SUR L'ADMINISTRATION DES FINANCES,

par le Comte Du Buat

J. Illeg.

REMARQUES

D'UN FRANÇAIS,

O U

EXAMEN IMPARTIAL

DU LIVRE

DE M. NECKER

SUR L'ADMINISTRATION DES FINANCES

DE FRANCE,

POUR SERVIR DE CORRECTIF

ET DE SUPPLÉMENT A SON OUVRAGE.

A GENEVE.

1785.

INTRODUCTION.

Q U A N D un Homme s'est élevé d'un
état ordinaire à une grande place, on
doit croire qu'il a eu de grands moyens,
soit en lui-même, soit par des circonstances heureuses ; & s'il s'est sou-
tenu long-temps dans cette place, où
il a dû être assailli de plus d'une tem-
pête, il est vraisemblable qu'il a dé-
ployé toutes ses facultés, ou pour s'y
maintenir par l'intrigue, ou pour s'y
affermir par son mérite. Il ne paroît
pas y avoir lieu ici à cette alterna-
tive, & l'opinion publique a déjà décidé que c'est par son travail, son courage & ses succès, que M. Necker

A

s'est maintenu dans le poste dangereux qu'il a occupé pendant environ cinq années. Il faut donc croire que, doué d'une grande sagacité, d'une justesse d'esprit peu commune, d'une aptitude extraordinaire au travail, il s'est fait un plan qui n'étoit qu'à lui, & s'est frayé des routes nouvelles, pour opérer d'une maniere qui parût aussi étonnante que son élévation à la tête des Finances ; du moins a-t-oh lieu de penser qu'il a saisi beaucoup de vérités peu connues jusqu'à lui, & dont il s'est fait des armes, d'une part, pour subjuguer la confiance, & de l'autre, pour repousser les attaques de ses envieux ; car il n'est pas croyable qu'il ait travaillé d'après des chimeres, & ait laissé à ses ennemis une arme aussi puissante que la vérité. Ce n'est pas à dire néanmoins qu'il ait connu toute vérité, &

qu'il n'en ait laissé aucune qu'on pût
lui opposer : c'étoit assez qu'il s'em-
parât de toutes celles qui étoient à sa
portée & à celle des hommes contre
lesquels il avoit à se défendre. S'il en
étoit qui ne fussent pas à son usage,
mais que ses envieux ne pussent pas
saisir, il a pu ou les ignorer, ou les
méconnoître, sans aucun inconvénient
pour lui.

C'étoient des vérités de détail qu'il
lui falloit : c'étoient des moyens de
fournir aux besoins les plus pressans &
les mieux sentis ; & dès-lors, c'est la
science qui lui étoit nécessaire qu'il a
dû perfectionner : ce peut n'être pas
toute celle qui étoit nécessaire au bien
présent & futur du Royaume.

Si cet homme a écrit après avoir

perdu fa place, s'il a écrit lorfque fon
ame avoit encore toute fa chaleur &
l'émotion d'une grande & forte fe-
coulfe, il a dû croire des chofes fortes
& vraies, & a pu les écrire de maniere
à faire dire qu'il s'eft bien acquitté de
fon emploi, que, feul peut-être , il
feroit encore en état de le bien remplir,
qu'il le regrette , & qu'il veut fe faire
regretter. Il a aimé la gloire ; car il
eft douteux qu'un amour religieux de
fes femblables puiffe porter aucun
homme à une place où il eft fi difficile de faire le bien , & fi probable
qu'on fera ou qu'on tolérera le mal.

L'amour de la gloire doit donc lui
refter après fa difgrace ; car fon ame
n'a point été flétrie par l'opprobre ; &
cet amour , qui perce par-tout dans
fes écrits, prête à la malignité de fes

ennemis, qui lui reprochent, tantôt une
vanité ridicule, tantôt une préfomption
infupportable ; ici la manie de blâmer
fes fucceffeurs , là un ton d'apologie
bien voifin de l'invective.

Mais n'eft-il pas poffible que dans
fes regrets, entre pour beaucoup celui
de n'avoir pas fait tout le bien qu'il
projetoit , de ne s'être pas couvert, fi
l'on veut , de toute la gloire qu'il ambi-
tionnoit, de n'avoir pas exécuté toutes
fes penfées ; car les penfées d'un tel
homme font des enfans chéris , qu'il
ne laiffe orphelins qu'après les avoir
arrofés de fes larmes : c'eft le fait d'un
homme fortement épris de fes projets ,
& qui ne doute pas de leur bonté ; ce
n'eft pas celui d'un homme foible &
fans chaleur. Mais quel homme de cette
trempe fera capable de faire de grandes

chofes, & fur-tout de remédier à de grands maux ? Les hommes froids, & par conféquent fages & prudens, qui croient que ne pás mal faire eft le dernier terme de l'habileté, blâmeront cet homme trop ardent qui s'eft perdu par fon enthoufiafme, & que le défir impatient de tout pouvoir a replongé dans la *toute impuiffance* : qu'on me paffe ce mot , qui définit l'état de quiconque fut Miniftre , plus encore que celui de quiconque ne le fera jamais.

Si des hommes, embrafés d'un feu qui entretient en eux une foif bien differente de celle de la gloire , fe chargent de réfuter l'Ex-Miniftre qui écrit fur les Finances, ce fera pour fe livrer à une critique amere ; ils fe montreront fes ennemis bien plus que

les ſerviteurs du Roi & les amis de
la Nation & de la vérité, & décé-
leront leur haine par des perſonnalités.
Mais c'eſt qu'il n'exiſte des déſordres
qu'à raiſon d'intérêts qui militent contre
l'ordre ; & qu'attaquer un déſordre,
c'eſt déclarer la guerre à quelqu'un
qui en profite. Il peut donc y avoir
telle critique de l'Ouvrage de M. Necker,
qui prouve qu'il a bien ſervi le Roi.

D'après ces réflexions, mes Lecteurs
ne doivent pas s'attendre à une critique amere de cet Ouvrage ; & en
effet, l'amertume n'eſt pas dans mon
cœur : je n'y ſens que l'amour de la
vérité & de ma patrie. Mais ſi
M. Necker a bleſſé l'une ou l'autre
dans ſon Ouvrage, s'il les a bleſſées
dans ſon Adminiſtration, je me ferai

un devoir d'éclairer le Public, fur fes fautes ; & fur - tout d'attaquer ceux de fes principes que je trouverai dangereux.

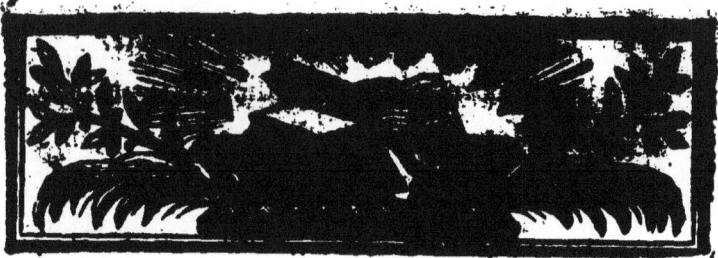

EXAMEN

IMPARTIAL

DU LIVRE DE M. NECKER

SUR

L'ADMINISTRATION

DES FINANCES,

POUR SERVIR DE CORRECTIF

ET DE SUPPLÉMENT A SON OUVRAGE.

CHAPITRE PREMIER.

Raiſons générales des mépriſes de M. Necker.

Voila toute la critique que j'avois
à faire de l'introduction de l'Ouvrage de
M. Necker ; cependant je pourrai, dans la ſuite,

A iv

en tirer encore quelques indices des projets , des méprises, & des omissions en tous genres de ce Ministre. Je dis Ministre , parce qu'en effet il en a eu toute l'autorité , & que j'attache aux mots moins d'importance qu'il n'a paru leur en donner lui-même; car ce fut pour des mots qu'il redouta l'affoiblissement de son pouvoir, & ce fut par un mot qu'il voulut se fortifier contre la détraction de ses ennemis & le discrédit qu'il pouvoit en attendre: mais cette erreur est une de celles qu'il n'entre pas dans mon plan de relever ici; erreur bien excusable sans doute à un degré d'élévation où bien d'autres têtes auroient tourné. Ce fut une erreur de la part de M. Necker de s'inquiéter pour sa réputation , parce que des ennemis , en petit nombre , l'attaquoient ; ou, s'il feignit seulement cette inquiétude, d'avoir l'ambition d'un titre que nos lois lui refusoient , ou l'impatience de triompher d'un vieillard ancien ami du Prince , & qui étoit déjà sur le bord de sa tombe. Je lui aurois dit très-volontiers ce mot d'Enée à ses compagnons : *Durate, & vosmet rebus servate secundis.* Mais je me serois bien gardé de lui donner un conseil aussi sage si j'avais été convaincu , comme je le suis aujourd'hui, qu'il

a écrit, qu'il n'aimât, juſque dans la Monarchie
qui l'avoit adopté, que la Démocratie la plus
éloignée de nos mœurs; & qu'à cela près, il
ne vît dans un grand Royaume, que l'em-
placement d'un échafaudage de crédit & d'emprunt, & que le labyrinte d'une circulation qui ne dût aboutir qu'à un petit
nombre d'hommes ſeulement, deſtinés à être
dans le corps politique ce qu'eſt le cœur dans
le corps animal; car voilà en peu de mots
l'abrégé du Livre de M. Necker ſur l'Adminiſtration des Finances; & on le connoîtra
tout entier, ſi on ſuppoſe tous les détails qui
peuvent colorer un ſyſtême de Démocratie, &
qu'on y joigne encore tous les lieux communs
qui peuvent être ramaſſés contre l'inégalité des
conditions, & en faveur de cette régularité
fiſcale qui n'admet ni diſtinctions ni exceptions.
Je fais abſtraction, comme l'on voit, de
ſes états du revenu de la France & de ſa
dépenſe, & de tout ce qu'on peut appeler
Adminiſtration. C'eſt, à cet égard, un Ouvrage
neuf, qui n'a pu être compoſé & ne peut être
ſolidement critiqué, ſi pourtant il peut l'être,
que par un homme verſé dans les détails de
l'Adminiſtration journaliere. Ce n'eſt donc ni
l'Hiſtorien ni le Calculateur que j'attaque, c'eſt

l'homme d'Etat, que j'accufe du crime de *lefe*
conftitution. Mais ce crime fut celui de la
naiffance de M. Necker, de fa premiere éducation, de fon genre de vie jufqu'au moment
où il fut appelé au Miniftere fifcal, de fon
domicile même fous toutes les époques de fa
vie, & du miniftere dont il fut chargé.

Né d'une famille nouvelle dans une très-
petite République, où la Démocratie, foible-
ment étagée, lutte encore contre une fous-
Démocratie, qui a intérêt de ne connoître
que les droits de l'homme, déterminés par la
localité de la naiffance ; élevé comme on peut
l'être quand on a toute fa fortune à faire ; en-
chaîné dans des comptoirs, l'homme extraordinaire dont nous parlons acquit des préjugés,con-
tracta des habitudes, fe fit des maximes, forma
des liaifons, prit avec lui-même & avec fes amis
des engagemens qui durent le rendre dou-
blement étranger dans la Monarchie dont la fortune lui fut confiée, & lui faire voir, comme
des excroiffances dangereufes, ce qu'il avoit
toujours regardé comme des monftres, & qui
en effet en auroient été dans le lieu de fa
naiffance. Soit prudence cependant, foit
adreffe ou fageffe, il s'apprivoifa avec ces
monftres : mais il garda fa haine pour toute

grandeur qui n'étoit pas celle des richesses mobilières, fon mépris pour toute puiffance qui
n'étoit pas celle de l'argent, & fa prédilection
pour la claffe dans laquelle il étoit né. A moins
de fe refondre tout entier, ou de refondre
toute la Monarchie, il ne pouvoit pas s'y
trouver à fon aife. Il fe crut donc appelé à
faire de cette Monarchie un affemblage de
petites Républiques qui fuffent devenues
l'empire d'un defpote; je dis d'un defpote,
parce qu'il n'y a d'alliance entre la Démocratie & la Monarchie, qu'auffi long-temps
qu'il refte quelque Ariftocratie à détruire, &
que cette victoire commune une fois rem-
portée, il faut ou que le Monarque devienne
defpote, ou que le peuple foit le maître. Or,
M. Necker étoit trop attaché au Roi pour
ne vouloir pas que la Démocratie fût l'inftrument du pouvoir abfolu.

Un autre inconvénient de la naiffance & de
l'éducation de M. Necker, fut d'ignorer prefque
entiérement notre Hiftoire, notre conftitution, nos formes, notre agriculture, notre
maniere de poffeder, & le génie politique
de notre nation. Il regarda le Royaume
comme un grand domaine, la Nation comme
un peuple de *Fifcalins*, notre droit public

comme le réfultat de nos édits burfaux, les feuls qu'il connoiffoit un peu ; nos propriétés, comme des fubdivifions uniformes du terri-toire ; notre claffification nationale, comme le produit de la feule diverfité des fortunes ; tout le Royaume, comme une place de com-merce ; tout l'enfemble du fol & de fes habi-tans, comme une machine fifcale qu'il falloit perfectionner, afin qu'elle produisît le plus grand effet poffible, & que le Roi pût fe faire, d'un très-gros revenu, ou un inftrument de puiffance s'il le falloit, ou un moyen de niveler la nation, en fe rendant, non le protecteur des propriétés, mais le diftributeur des richeffes. Peu lui importa quels hommes le Roi foudoie-roit, lorfque fon argent devroit être puiffance. Que dis je ? il aima mieux que le Roi ne fou-doyât que des hommes qui euffent befoin de leur folde pour vivre, & dont la faim eût fait des foldats, comme elle fait des journaliers ou des commis fubalternes, c'eft-à-dire, que nos guerriers fuffent des Mammelucs ou des Janiffaires.

CHAPITRE II.

Si l'on peut faire certains reproches à
M. Necker, qui n'a été Ministre que
des Finances.

MAIS, peut-on dire, qu'importe que
M. Necker ait mal connu notre Gouvernement, le génie de la nation & celui de la
constitution? Il n'étoit Ministre que des Finances; il n'étoit ni Chancelier, ni Ministre
de la guerre; il n'étoit pas même l'un des
quatre Secrétaires d'Etat, il n'entroit pas même
au Conseil. La réponse à cette objection est dans
l'Ouvrage même de M. Necker, où l'on trouve
la preuve d'une grande vérité; savoir, que
la Finance est la seule partie de notre régime
qui conserve une grande vigueur, & qu'elle
pénètre tellement toutes les parties & de la
nation & de la constitution, que sa législation
affecte tout, l'état des personnes, les mœurs,
& par celles-ci, comme par la solde, la constitution militaire & politique. L'Ouvrage de
M. Necker, avec quelques légers changemens

dans les formes, feroit le teftament politique d'un premier Miniftre ; & cependant, entre les qualités qu'il exige d'un Miniftre des Finances, n'entre point la connoiffance des lois confti-tutives de l'Empire ; entre les devoirs qu'il lui impofe, n'eft point celui de refpecter les droits des citoyens , & de renouveler , ou feulement de maintenir l'ancienne forme du Gouvernement : & certes il a eu bien raifon de ne pas exiger d'un Miniftre des Finances une qualité qu'il n'avoit pas, de ne pas lui faire un devoir d'une attention inconciliable avec fon plan & fes projets. Il vouloit achever la refonte de hotre Gouvernement, pour le rendre fifcalement régulier ; il vouloit nous ramener à la conftitution Romaine fous les Valen-tinien & les Théodofe ; & nos ancêtres prirent en plufieurs points le contrepied de cette conf-titution Romaine, d'après l'expérience qu'ils avoient eue de fes vices, & le grand exemple de l'étonnante cataftrophe qu'elle avoit amenée.

On dit que la Monarchie Françoife fubfifte depuis treize cents ans , qu'il n'y a pas un autre exemple dans l'Hiftoire d'une auffi longue durée d'aucun Empire , & qu'ainfi il faut que fa conftitution foit la meilleure qui ait jamais exifté. Ce n'eft pas là, à la vérité, ce

que

que dit M. Necker. Il paroît croire au contraire que cette conſtitution fut toujours très-défectueuſe ; & toutes les réformes qu'il y propoſe n'en laiſſeroient rien ſubſiſter. Je lui oppoſe cette obſervation de beaucoup de gens qui ſe croient très-ſages & plus ſavans que lui ; mais, à lui-même & à ces gens plus ſages, j'oppoſe un principe dont la vérité me paroît inconteſtable. Si la Monarchie Françoiſe a ſubſiſté pendant treize cents ans par l'excellence de ſa conſtitution, il ne faut pas attribuer ſa longue durée à la conſtitution qu'elle n'a que depuis cinquante ans, depuis cent ans, ou même depuis cent cinquante ans, puiſqu'elle ſubſiſta pendant onze cent cinquante, douze cents & douze cent cinquante ans, avec un Gouvernement & des principes d'adminiſtration bien différens de ceux des Miniſtres du ſiecle dernier, de ceux même de M. Necker. Ce n'eſt donc pas à la conſtitution actuelle qu'il faut faire honneur de la longue durée de l'Empire François ; & tout ce que l'on pourroit dire en l'honneur de ces grands Hommes, c'eſt que depuis qu'ils ont adopté le coſtume Romain, nous ſommes & plus élégans & meilleurs qu'auparavant ; qu'en un mot, ils nous ont rajeunis

B

de maniere à prolonger notre exiftence au delà
d'une douzaine de fiecles.

Nous aurions quelques objections plus fortes
à faire aux fages que je prétends oppofer à
M. Necker, fi celui-ci a été un novateur &
a vraiment formé un plan d'innovation. C'eft
que depuis Childéric ou Clovis jufqu'à
Louis XIII, le Gouvernement de la France
n'a pas toujours été le même, à beaucoup près;
& qu'ainfi c'eft fous trois ou quatre formes
différentes que cet Empire s'eft perpétué,
qu'il ne doit par conféquent fa longue durée
à aucune de ces formes. Mais il faut du moins
convenir que c'eft le même Empire & la
même Nation, que fon Gouvernement a toujours été monarchique, que jamais il n'a été
conquis depuis Childéric, & que jamais non plus
on n'a annoncé, comme dans ces derniers temps,
le projet d'y changer l'état des perfonnes, &
d'y faire de tous les citoyens des fujets domaniaux du Souverain, qui dès-lors feroit
légalement defpote; car le defpotifme eft lit-
téralement la *domination* du maître fur les ferfs
de fon domaine.

Il y a donc apparence que quelques maximes
fe font perpétuées, fous la fauve-garde def-

quelles cet Empire s'est perpétué, quoique
son Gouvernement ait souffert différentes alté-
rations ; & dès-lors il y a quelque raison à ce que
disent les sages que je n'ai pas tort d'opposer
à M. Necker, si réellement celui-ci a annoncé
& ébauché un systême d'innovation, & si ce
systême, renfermé en apparence dans l'Administration des Finances, a eu une étendue telle,
que de son entiere exécution il ait pu résulter
une révolution complete.

Un autre Ministre des Finances écrivant
sur cette partie de l'Administration, auroit dit
qu'elle ne peut être gérée avec avantage, si
toutes les opérations n'en sont dirigées & tem-
pérées de maniere à rétablir les mœurs, à remettre en honneur les vertus publiques, à
redonner de la vigueur aux principes consti-
tutifs du Gouvernement, à diminuer le besoin
d'un gros revenu, en assurant au Souverain
tout le revenu dont il a besoin pour remplir les
différentes fonctions qui lui sont confiées. Mais
pour parler ainsi, il auroit fallu voir dans le
Gouvernement de la France autre chose que
le tribut & la solde ; il auroit fallu y voir ce
qui existe dans tout l'Univers, le combat des
contraires, &, ce qui est le chef - d'œuvre
de la sagesse divine & humaine, l'équilibre des

contraires, au moyen de lois fages qui fouffrent un flux & un reflux, en donnant des bornes à l'un & à l'autre. Mais voilà ce que M. Necker n'a pas vu. Tout ce qu'il a apperçu au delà du tribut & de la folde, a été la charité, dont il s'eft enflammé à un tel point, qu'il vouloit faire du Roi le grand Aumônier de fon Royaume.

CHAPITRE III.

Caufe louable de plufieurs méprifes de l'Auteur.

LE dernier reproche que je viens de faire à M. Necker attaque des maximes fi fpé-cieufes, émanées de fentimens fi louables, que je dois me hâter de m'expliquer, pour ne pas laifler le temps à mes Lecteurs de fufpecter les fentimens de mon cœur, & de fe prévenir contre une doctrine moins populaire que celle de cet Auteur.

Je blâme M. Necker d'avoir voulu que le Roi, comme Chef de la Nation & diftributeur du revenu public, fût charitable, aumônier,

fecourable envers les pauvres. Si je prouve qu'il
lui a attribué le droit de niveler les fortunes,
autant qu'il pourra le faire fans anéantir la propriété, je donnerai encore bien plus de force à ce
reproche, & je commencerai à me rendre favorables une partie de mes Lecteurs : c'eft-là ce que
j'ofe entreprendre. Mais je commencerai par
obferver que M. Necker , eftimable à tant
d'égards, n'a pas même eu une idée bien jufte
de la vertu. Il prétend que c'eft un fentiment,
foit naturel comme la compaffion , foit acquis
comme tout autre penchant qui n'eft pas purement naturel; car il ne s'explique pas. On
ne peut pas donner une définition moins exacte
de la vertu , qui n'eft que la volonté habituelle de
faire à fon devoir des facrifices plus ou moins
pénibles : & en effet, rien n'eft vertueux que ce
qui coûte un effort, ce qui demande de la
vigueur ; & prendre pour une vertu le plaifir
de foulager les malheureux avec le bien
d'autrui , c'eft fans contredit dénaturer les
chofes , & tendre un piége aux hommes qui
veulent fe donner le plaifir d'être vertueux ,
puifque la plupart ne manqueront pas de fe
fatisfaire aux moindres frais poffibles. Je ne
dis pas que le Prince ne doive pas être
charitable. Mais c'eft LOUIS , c'eft JOSEPH

qui doit l'être : ce n'eſt ni le Roi ni l'Empereur : & quand il eſt bienfaiſant, ce doit être à ſes dépens , c'eſt-à-dire, en diminution de ſes plaiſirs & de ſes jouiſſances. Autrement ſes libéralités ſont, pour me ſervir du langage d'un Prophete, *la rapine ſur l'autel,* & ce qu'un Roi prophete nommoit un *ſacrifice gratuit* , ou une offrande du bien d'autrui. Il eſt encore moins permis à un Miniſtre de faire le bien de cette maniere ; & ſi je loue, ſi j'eſtime ſincerement Madame Necker d'avoir conſacré ſes ſoins, une partie de ſes richeſſes au ſoulagement des malheureux, & de l'avoir fait par un motif qui met le ſceau à la vertu, je blâme M. Necker d'avoir cherché à affoiblir cette vérité importante , *Que la juſtice eſt la bienfaiſance des Rois* (tom. ii, p. 221) ; vérité à laquelle il ſubſtitue cette erreur ſpécieuſe, *Que la bienfaiſance eſt la juſtice des Rois* ; & d'avoir méconnu cette autre vérité qui découle de la premiere , *Que les Rois ne ſont pas les diſtributeurs des biens , mais les protecteurs des propriétés & de l'induſtrie.* J'entre, ce me ſemble, en matiere , & c'eſt le moment de prier mes Lecteurs de redoubler d'attention.

CHAPITRE IV.

Popularité de M. Necker.

M. NECKER diftingue, en plufieurs endroits, le Peuple, de la Nation, & par-tout le
premier eft le petit peuple, auquel il oppofe
les riches, & plus ordinairement les propriétaires. C'eft donc une de fes maximes favorites,
qu'il met en avant dans fon *Introduction* (pag.
LXXXIX), lorfqu'il dit que « dans l'Adminif-
» tration des Finances, un fentiment profond
» d'amour & de protection pour le Peuple de-
» vient un guide fidele... ». Il prouve cette
affertion par des exemples qui annoncent évi-
demment que c'eft du petit peuple qu'il veut
parler, de celui pour lequel font établis les
hôpitaux, & qui fournit le plus d'habitans aux
prifons. Je paffe ce qu'il dit, à cette occafion,
des corvées, du commerce des grains, des
Lois burfales, de la gabelle, du choix d'une
Adminiftration intérieure, auquel je reviendrai ;
& je m'arrête à ce paffage (*Introd.* pag. XCII) :
« Enfin, lorfque les circonftances contrain-

B iv

» dront à établir de nouveaux impôts, on
» n'héfitera point à les diriger préférablement
» fur les objets de luxe & de richeffe, &c. ».
Je fupprime le refte du paffage, qui indique
affez que ce n'eft pas fans raifon que l'Auteur
a ajouté le mot de richeffe au luxe, en dépit
même de la Langue dans laquelle il a écrit.
Dans un autre endroit de fon Indroduction,
il explique mieux ce qu'il a voulu dire en
parlant de fon Adminiftration intérieure, lorfqu'il fe fait un mérite d'avoir *follicité l'établif-*
fement de ces Adminiftrations bienfaifantes & pa-
ternelles, où les plus fimples habitans des campagnes
devoient avoir quelque part. S'il avoit voulu parler des plus petits propriétaires, il auroit em-
ployé cette expreffion : c'eft donc d'une claffe
inférieure à celle des plus petits propriétaires ;
c'eft donc des fimples journaliers, qui n'ont
que leurs bras & un domicile précaire, que
M. Necker eût voulu compofer les Adminiftrations provinciales, afin que toute efpece
d'accès fût ouvert à leurs plaintes. Je me con-
tente encore de configner ici cette idée ; car
je ne dois pas perdre de vue le projet favori
de M. Necker, de ramener les fortunes à une
efpece de niveau, autant que les droits de
la propriété ne s'y oppofent pas ; & que peut

s'étendre le droit d'impofer, qu'il reconnoît au Roi dans l'étendue la plus illimitée. Je ne dirai point que la propriété eft pour lui une barrière contre laquelle il s'indigne, en feignant de la refpecter, puifqu'au moyen du droit illimité d'impofer, il fait en effet de la propriété un monceau de fable que les flots minent & déplacent au gré des vents.

Qu'on voye l'emploi qu'il propofe de faire en Bretagne du produit de l'impôt fur le fel, porté à 20 livres le quintal ; & l'on fe convaincra que M. Necker n'a jamais imaginé un impôt, ni la métamorphofe d'aucun impôt (tom. 11, pag. 47), fans projeter de faire tourner cette nouveauté au profit des pauvres, dont il ne diftingue point en cet endroit le Tiers-Etat, & à la furcharge de la Nobleffe, qu'il défigne toujours fous le nom des riches (1);

---

(1) M. Necker parle très-laconiquement des Ecoles Militaires ; il s'arrête avec refpect devant ces temples de l'éducation publique, & fe borne à une réflexion (tom. 11, p. 489) : c'eft que les tributs des pauvres ne doivent pas être employés à rendre moins chere l'éducation *des riches.* On voit qui font les riches dans la Langue qu'il parle ; il auroit dû faire rayer quatre ou cinq gentilhommes de la lifte des pauvres, qui étoient à la Charité de la Paroiffe de Saint-Sulpice : c'étoient des riches qu'on nourriffoit du pain des pauvres.

& en effet, rien n'eft mieux avéré que la richeffe des Nobles de Bretagne, & la pauvreté
du Tiers-Etat de Nantes & de Saint-Malo.

En parlant des anobliffemens & des priviléges de la Nobleffe, M. Necker découvre
encore mieux le fecret de fa doctrine. « La
» fimple raifon, dit-il (tom. 3 , pag. 152),
» n'indique point que la plus grande part aux
» priviléges de la Société doive être accom-
» pagnée de la moindre part aux Charges pu-
» bliques. Le fervice militaire, continue-t-il,
» qui compofoit autrefois l'un des facrifices
» d'un ordre particulier de l'Etat, étant de-
» venu un objet d'utilité, de faveur, & de pré-
» férence, les premieres caufes des priviléges
» font fenfiblement altérées. Mais ces vieilles
» opinions font encore dans toute leur force,
» & je ne confeillerois point d'offenfer des *pré-*
» *tentions* que le temps a confacrées : on doit
» feulement avancer vers un but raifonnable
» par des moyens fages & à l'abri de toute
» efpece de réclamations. L'un des motifs qui
» font tenir avec tant d'ardeur aux exemptions,
» c'eft la tache imprimée fur certaines impo-
» fitions, telles, par exemple, que la taille,
» la corvée, le logement des gens de guerre,
» d'autres encore. Ce feroit une folle entre-

» priſe de vouloir déranger ces idées, & de
» vouloir aſſimiler indiſtinctement à de pa-
» reilles charges tous les ordres de Citoyens.
» Mais à meſure qu'on s'occuperoit de modifier
» ces mêmes impôts, les difficultés diſparoî-
» troient. C'eſt ainſi que la taille eſt une hu-
» miliation dans la partie du Royaume où elle
» indique une inſériorité..... D'ailleurs, en
» ſuppoſant un moment où le Souverain ſeroit
» en état de remettre quelques impôts, pour-
» roit-on faire aucune réclamation fondée, ſi
» ces ſoulagemens étoient appliqués par pré-
» férence à égaliſer davantage les charges des
» différens ordres des contribuables ? Ce n'eſt
» jamais ſur la nature d'un bienfait que per-
» ſonne éleve des plaintes ».

Opprimamus eos ſapienter, diſoit Pharaon en
parlant des Iſraëlites : opprimons-les avec ſageſſe. Ceux *qui dominent ſur les Nations ſont
appelés bienfaiſans*, eſt-il dit dans un livre que
M. Necker paroît reſpecter, mais dont la mo-
rale n'eſt pas la ſienne ; car elle conſiſte à être
juſte envers tout le monde, & enſuite charitable. Voilà donc quelle étoit la marche que
vouloit tenir cet homme juſte, qui a un ſi
profond reſpect pour tous les engagemens du
Roi, pour toutes ſes promeſſes, pour tous les

droits ; qui croit que le voifinage des Salines donne une efpece de droit à avoir le fel à bon marché ; qui cr it (tom. 3 , pag. 150) que, « lorfqu'il y a un fi grand nombre de citoyens » anoblis par des Charges qu'eux ou leurs » pères ont achetées , ce n'eft pas une difpo- » fition fi fimple que de priver tout à coup le » refte de la Nation de l'efpoir d'obtenir les » avantages qu'une grande partie de leurs » égaux fe font procuré par le mérite feul » d'une fortune aifée ». Quelle délicateffe ! Parce que beaucoup de roturiers fe font anoblis à prix d'argent , en profitant d'une longue & lourde erreur du Gouvernement, le refte de la Nation a une forte de droit à la même facilité de s'anoblir ! « Et fi cette ob- » fervation ne doit pas arrêter la réforme d'un » abus, qui s'accroît chaque jour, on eft du » moins conduit à penfer que, pour adoucir » une pareille difpofition, il feroit convenable » *d'honorer davantage* les états utiles, qui n'au- » roient plus la facilité d'arriver à la Nobleffe » par la fortune. Il faudroit en même temps » chercher à tempérer un peu *les nombreufes* » *prérogatives* d'un feul ordre de la fociété ; » avantages qui femblent hors de toute pro- » portion, lorfqu'on rapproche ces diftinctions

» du titre originaire de ce nombre prodigieux
» de familles qui n'ont acquis la noblesse
» qu'à prix d'argent ». Et à l'occasion de ces
nombreuses prérogatives, l'Auteur ne parle que
de cette *institution de nos jours, qui exige deux
ou trois degrés de noblesse pour être admis au rang
d'Officier dans le service de terre & de mer.* C'est
trop peu sans doute, ajoute-t-il, *à l'honneur des
vrais Chevaliers François, dont les titres se per-
dent dans la nuit des temps;* « & dès lors cette
» même condition ne fait plus que peser sur
» des citoyens honorables par leurs sentimens,
» à l'avantage de ceux qu'une fortune du siecle
» a favorisés ».

C'est à la suite de cet hommage rendu aux
vrais Chevaliers François, que vient la tirade
que j'ai transcrite plus haut. Mais n'omettons
pas ce qui suit immédiatement celle que je
viens de copier : « Il faudroit encore, toujours
» dans le même esprit (c'est-à dire, pour rendre
» illusoires les anoblissemens déjà faits & con-
» soler la Nation de ce qu'il ne s'en feroit
« plus), il faudroit tâcher d'adoucir ces ex-
» ceptions, qui, jusque dans la distribution des
» impôts, distinguent les états & les personnes.
» Comment n'en résulteroit-il pas une source
» continuelle d'amertume & de jalousie, puis-

» que l'homme le plus nouveau dans l'ordre de
» la noblesse jouit de ces priviléges à l'égal
» des Gentilshommes de la plus ancienne race»?
Et là-dessus, M. Necker demande la permission
de dire, *sous un rapport plus général*, ce que
j'ai transcrit plus haut de la page 152. Ainsi,
M. Necker oublie tous ce qui peut être dû aux
vrais Chevaliers François; ainsi, ce sont leurs
droits, comme ceux des nouveaux nobles,
qu'il appelle des *prétentions*; ainsi, il les com-
prend dans ce nivellement, auquel il veut qu'on
parvienne avec prudence par le changement
progressif qu'il propose dans la dénomination
des impôts, c'est-à-dire, par la suppression suc-
cessive de tous ceux que supporte le Tiers-
Etat, & le maintien ou l'augmentation, dans
l'occasion, de ceux qui pesent encore plus sur
la noblesse.

Il me semble que l'on ne peut plus se mé-
prendre sur les vues de M. Necker pour l'entier nivellement de la Nation. Il est convaincu
d'en avoir formé le projet, malgré l'aveu qu'il
fait de quelques droits que peuvent avoir les
*vrais Chevaliers François, les Gentilshomme de la
plus ancienne race* : & certainement on ne peut
pas pousser plus loin la popularité, à moins
qu'on n'établisse des tributs, ou, ce qui re-

vient au même, qu'on ne perçoive des tributs plus forts que ne les exigent les besoins publics de l'Etat, pour donner aux pauvres une partie de la fortune des riches, c'est-à-dire, dans la Langue que parle M. Necker, aux roturiers une partie de la propriété des nobles. C'est encore là une partie des projets qu'inspira à ce Ministre *la vertu de sentiment* dont il fut animé.

CHAPITRE V.

Examen du projet de réforme conçu par M. Necker, & premiérement de son utilité.

Quand on critique un Ecrivain comme M. Necker, on est coupable si on ne réussit qu'a décréditer un Ouvrage qui peut être utile; on est coupable encore, si, en relevant des erreurs accréditées par une autorité aussi respectable, on ne leur oppose la vérité que foible & désarmée. Ainsi, mieux j'ai prouvé que M. Necker a eu en vue le nivellement de la

Nation par la fiscalité, plus je suis obligé de faire voir que ce projet ne présente aucune utilité réelle, & que l'exécution en seroit injuste & pernicieuse.

Je commence par distinguer ce que l'Auteur a perpétuellement confondu : la richesse & la noblesse, la pauvreté & la roture.

Dans ses considérations sur le luxe & sur ses progrès (tom. III, p. 92), M. Necker ne distingue que deux classes de la société, celle dont la fortune doit toujours être à peu près la même, & qui est composée de tous ceux qui, vivant du travail de leurs mains, reçoivent impérieusement la loi des propriétaires, & celle dont *la richesse augmente nécessairement* (p. 94), c'est la classe *composée de tous les propriétaires* (p. 95). « La richesse de cette classe » a dû s'accroître à mesure que l'Art de la » culture s'est perfectionné.... L'invention suc- » cessive de tous les instrumens qui ont sim- » plifié tous les Arts mécaniques, a donc aug- » menté les richesses & le lot fortuné des pro- » priétaires. Une partie de ces instrumens, en » diminuant les frais d'exploitation des fonds » de terre, a rendu plus considérable le revenu » dont les possesseurs de ces biens peuvent » disposer ».

A

A quel temps remonte donc M. Necker ?
au temps des Ofiris & des Triptolême ; & de
cette Antiquité fabuleufe, il paffe dans la
période fuivante au fiecle des Vaucanfon. Ou
bien a-t-il imaginé que les inftrumens d'Agriculture, qui en ont diminué les frais, n'ont
été inventés que dans le temps à peu près
où ont été inventés les devidoires mécaniques de Lyon ? On conviendra, je crois, qu'une
pareille confidération reffemble beaucoup à celle
qui dériveroit l'origine de la Royauté en
France de la Tour de Babel, & le fceptre de
nos Rois de l'épieu du chaffeur Nemrod. Mais
dès le temps de ce violent chaffeur, il y eut
des efclaves, dit un ancien, parce que dès-
lors il y eut inégalité de bonheur & de conduite, de talens & de fuccès, & que l'homme
qui fe trouva dans le dénuement de la fimple
nature, vit quelque chofe de mieux dans la
fervitude, & fit un pacte éternel avec le riche,
pour jouir, en travaillant pour lui & fous fa
domination, de ce que la nature lui refufoit ;
car cette nature eft bien ftérile & bien dure
pour l'homme ifolé ! Les plus fages Légifla-
teurs donnerent la fanction des lois publiques
à ces actes privés, parce qu'ils confidérerent
qu'il n'étoit avantageux ni aux fociétés poli-

C

tiques, ni à l'espece humaine, qu'il y eût en
grand nombre des hommes dénués de tout,
des hommes *qui n'euffent, pour ainfi dire, que
fort....ement de la réflexion & de la prévoyance*
(tom. III, p. 219), des *hommes dont l'ignorance
fût une minorité prolongée* (*ibid.* p. 427) , mais
dont les paffions fuffent violentes comme les
volontés des enfans & par les mêmes raifons ;
qu'il y eût, dis-je, un grand nombre de ces
hommes qui ne fuffent libres que pour la
mifere, la licence, & les forfaits , qui ne fe
mariaffent que comme les bêtes s'accouplent,
& fuffent incapables de donner aucune éducation à leurs enfans, dont la plupart même
devoient périr à l'âge où les autres animaux
ceffent d'avoir befoin de leurs meres. La fervitude remédioit à tous ces inconvéniens, &
en faifoit ceffer plufieurs. L'homme étoit une
richeffe pour l'homme ; & le maître avec fes
efclaves compofoit une République qui avoit
fes lois. Cette inftitution fubfiftoit dans toute
fa force, lorfque fut fondée la Monarchie
Françoife, avec cette feule modification, pour
un très-grand nombre d'efclaves, qu'on leur
avoit donné à chacun une glebe, à raifon de
laquelle ils étoient tenus à des redevances &
à des fervitudes pour la culture du terrain

que le maître s'étoit réfervé. Ces colons, appelés ferfs ruftiques & *villains*, parce que les
terres s'appeloient des *villes*, furent les auteurs
de la plupart de nos roturiers, & leurs glebes
font devenues nos rotures. Mais comme dans
une terre il falloit autre chofe que des labou-
reurs, les propriétaires y établirent auffi des
ferfs journaliers & artifans, & le nombre s'en
accrut beaucoup, parce que chaque famille de
colon ne devant qu'un laboureur à fon maître, les
furnuméraires, qui menoient un genre de vie
très libre, comme s'exprimoit Juftinien, s'éta-
bliffoient pour la plupart dans le village qui
étoit le chef-lieu de la propriété dont ils fai-
foient partie. On doit me pardonner ce petit
trait d'érudition, puifqu'en cet endroit il difpenfe mes Lecteurs de parcourir tous les fiecles
qui nous féparent de l'inventeur de la charrue,
& qu'il rend raifon de la différence & de l'inégalité des propriétés, quoiqu'il n'explique pas
encore comment tant d'hommes en France ont
été dénués de propriété ; car les *hôtes* mêmes, qui
furent autrefois les auxiliaires de l'Agriculture,
avoient des *tenures*, qui font devenues des
propriétés, comme les *glebes* des colons. Mais
l'exhérédation d'un nombre prodigieux de
petits propriétaires a eu des caufes qui ont

échappé à M. Necker, & dont je dirai un mot ailleurs, pour ne pas laisser manquer ce supplément à son Ouvrage.

Je dois seulement ajouter ici qu'il existe encore un grand nombre de ces petits propriétaires, dont plusieurs se confondent dans *la classe dont le sort se trouve comme fixé par l'effet des lois sociales* (tom. III, p. 93), & que M. Necker écrasera, s'il parvient à faire refluer sur tous les propriétaires indistinctement les impôts dont il se propose de décharger ceux qui n'ont pour vivre que le travail de leurs mains. On peut, il est vrai, être rassuré contre ce danger, par l'espérance qu'il sera fait un glossaire pour l'intelligence de l'Ouvrage que nous examinons, & que dans ce glossaire on prouvera, par des rapprochemens, que *riche, noble & propriétaire* y sont synonymes, & que pauvre, roturier, homme du Tiers-Etat, sont aussi synonymes, & qu'ainsi le reflux de tous les impôts ne rompra les vieilles digues, que pour inonder les terres de la Noblesse. Mais alors le riche négociant, le banquier, le financier non anobli, le commis, le manufacturier, l'usurier, qui auront acheté des terres, seront-ils à l'abri de ce terrible reflux ? Et si on veut qu'ils n'en soient pas à l'abri, pour autant qu'ils auront acheté des terres nobles, il n'y aura donc que les rotures qui feront préfervées de ce déluge. Mais il y a des roturiers qui font très-riches en rotures ; & l'on ne voit pas pourquoi l'homme du Tiers-Etat, qui poffede éparfes plus de propriétés que beaucoup de Seigneurs de fief, devra fe fauver dans la foule des pauvres, & jouir de leurs priviléges. Mais je confens que M. Necker n'ait pas imaginé cette diftinction, & qu'il ait voulu faire porter fur tous les propriétaires indiftinctement les impôts & les remplacemens d'impôts, au moyen defquels il a projeté de foulager & d'affifter ceux qui n'ont que leurs bras pour vivre ; il eft donc toujours vrai, ou qu'il n'a pas fu qu'il y avoit encore en France un très-grand nombre de petits propriétaires, ou qu'il a confenti fciemment à l'exhérédation de cette claffe, qui, dans fon fyftême, fera la fuite inévitable des impôts & remplacemens d'impôts fur les propriétés.

Je fuis très-porté à croire que M. Necker eft innocent de cette terrible conféquence, parce qu'il a ignoré qu'il exiftât une claffe affez nombreufe de petits propriétaires roturiers. Il n'a pas ignoré que quelques hommes du Tiers-Etat poffédoient des terres nobles, du moins dans la haute Guienne; mais je dois penfer qu'il n'a pas fu que les rotures font les trois quarts des biens-fonds de la France, que le Tiers-Etat en poffede les deux tiers , que beaucoup d'hommes de cet ordre font très-riches en fonds de cette efpece , & que ce font les hommes de France les plus privilégiés.

Faifons maintenant abftraction de la ruine des petits propriétaires ; faifons abftraction auffi de Nobleffe & de Roture , & ne confidérons que l'effet d'une très-forte impofition fur les terres, de la diminution du prix du fel , de la fuppreffion des aides , des corvées , &c.

Alors les hommes qui vivent du travail de leurs mains *ne recevront plus impérieufement la loi des propriétaires* (tom. iii , p. 93); alors *ils ne feront plus forcés de fe contenter d'un falaire proportionné aux fimples néceffités de la vie ;* alors *leur concurrence* (diminuée par l'oifiveté qu'ils pourront fe permettre) *& l'urgence de leurs befoins* (auffi diminuée par la fuppreffion des impôts fur leurs confommations , & celle de leur contribution perfonnelle) *ne conftitueront plus leur état de dépendance* (tom. iii , p. 94). Et fi les vœux de M. Necker font exaucés , il y

aura de plus, au peu qui leur restera de *toute*
espece d'esclavage, tel *adouciffement* que pourra
encore y apporter la *jouiffance de quelque droit*
politique, qui *influera fur leur confidération*, &
leur procurera quelque moyen de réfiftance. Ce
droit politique fera celui d'entrer aux affemblées
provinciales, & de s'y faire régler tels falaires
qu'ils voudront avoir, d'y faire affigner tels
fonds qu'il leur plaira pour les ateliers de
charité, & même d'y former entre eux des
affociations avec bourfe commune, comme les
valets de Londres, pour fe mettre mieux en
état de dicter plus impérieufement des lois
aux propriétaires.

D'après cet apperçu des avantages que la
fenfibilité de M. Necker deftinoit à cette premiere *claffe de la fociété*, nous pouvons raifon-
nablement fuppofer que les falaires des journaliers & des valets de baffe-cour doubleront
dans tout le Royaume ; car, malgré *l'efpece*
d'efclavage dans lequel ils languiffent fans
adouciffement, nous les voyons quelquefois
doubler, ou au moins tiercer dans les années
où l'abondance des blés & des boiffons diminue le prix de leurs fubfiftances. Si donc
les falaires des journaliers font, l'un dans l'autre,
à 15 fous, & les gages des valets à 100 liv.

après la régénération propofée par M. Necker, les falaires feront à 30 fous, & les gages à 100 livres; & dès-lors, au lieu que l'on comptoit la moitié dans quelques endroits, & dans d'autres les deux tiers des fruits pour les avances de la culture, y compris les profits du fermier, que l'on peut évaluer au dixieme de ces mémes fruits, il faudra compter les huit neuviemes reftans pour les avances de culture; & la raifon en eft, que prefque toutes ces avances font en gains pour les journaliers, valets, charrons, maréchaux, bourreliers, &c.; & qu'ainfi, au lieu des quatre dixiemes à peu près à quoi fe montoient ces gains, ils devront fe monter à huit dixiemes. Il reftera donc un dixieme au propriétaire pour vivre, payer l'impôt, & faire les réparations des bâtimens & autres dépenfes d'entretien, lefquelles augmenteront de prix dans la même proportion. Qu'on faffe l'application de ce calcul à une ferme de 3000 livres, dont le revenu brut eft maintenant arbitré à 6000 l., & l'on verra que de ces 6000 livres il reftera tout au plus 600 liv. au propriétaire, & peut-être rien; car le fermier voudra gagner d'autant plus, que fes pareils gagneront davantage. Où donc fera le revenu impofable? &

que deviendra la propriété ? Mais obſervons
que dans l'hypotheſe il n'y aura rien à prendre
ni ſur les fermiers, ni ſur les journaliers, ni
ſur les artiſans ; qu'il n'y aura plus d'impôts
ſur les boiſſons, peu ou point ſur le ſel, &c. ;
& ajoutons que la derniere claſſe du peuple
n'en ſera pas plus riche, n'en aura pas moins
beſoin d'hôpitaux, & qu'aſſurément il lui faudra
plus que jamais des ateliers de charité, puiſque,
d'une part, la plupart des *hommes du peuple*
n'ont, pour ainſi dire, que fortuitement de la
réflexion & de la prévoyance, & que *leur igno-*
rance eſt une minorité prolongée, ainſi que
M. Necker en convient, & que l'expérience
le confirme ; & que, de l'autre, les propriétaires
ſeront dans l'impuiſſance phyſique d'entreprendre aucun travail d'amélioration & d'entretien. Où donc le Gouvernement prendra-
t-il de quoi fournir aux beſoins des hôpitaux
& faire les fonds des ateliers de charité ?

Mais je m'apperçois que j'ai paſſé de beaucoup le but de ce chapitre, dans lequel je ne
voulois que prouver l'inutilité du plan de
M. Necker pour le ſoulagement des pauvres
& l'égaliſation des contributions. Je reviens
donc à mon premier apperçu, & je dis qu'il
y a pluſieurs claſſes d'hommes que M. Necker

n'a pas diftinguées; 1°. celle des petits propriétaires, qui font en même temps journaliers,
artifans ou fermiers; 2°. celle des roturiers
aifés, qui ne font rien & n'ont point de priviléges; 3°. celle des privilégiés qui ne font
pas nobles & ont des biens-fonds pour la
plupart; 4°. celle des manufacturiers, négocians, marchands, qui n'ont point de fonds de
terre, ou pour qui leurs fonds font la moindre
partie de leur fortune; 5°. celle des anoblis,
ou dont la nobleffe eft très-récente, ou qui
ne l'ont jamais légitimée par des fervices militaires; 6°. celle des nobles dont les aïeux
ont déjà répandu une partie de leur fang pour
anoblir le refte, & ont dépenfé péniblement
une partie de leurs biens, ou du moins leurs revenus, pour affranchir leur patrimoine; 7°. celle
des vrais Chevaliers François ou des Gentilshommes d'ancienne race, dont une partie eft
riche, & la plus grande partie au-deffous de
la médiocrité. Je demande maintenant vers
laquelle de ces claffes M. Necker a prétendu
diriger la bienfaifance du Roi? Vers les trois
premieres fans doute, c'eft-à-dire, vers la
premiere, pour autant que ceux qui la com-
pofent gagneront plus en leur qualité de
pauvres, qu'ils ne perdront comme proprié-

taires; vers la seconde, fi l'impôt territorial
ne doit pas excéder ce qu'ils payent maintenant en vingtiemes, remplacement de corvées, taille perfonnelle & taille d'exploitation;
& vers la troifieme, pour autant encore que
les privilégiés qu'il veut rembourfer payeront
moins en un feul impôt, qu'ils ne payent en
capitation, taille d'exploitation, vingtiemes,
& intérêts de la fomme que repréfente leur
privilége. Il eft donc douteux qu'aucune de
ces claffes gagne rien à la réforme propofée
par M. Necker; il eft feulement vraifemblable
que la premiere y gagneroit à proportion de
ce que chaque individu feroit plus pauvre,
plus fainéant, moins prévoyant, & qu'il fe
dépouilleroit plutôt de fa petite propriété;
que la feconde y perdroit, parce que pour un
impôt très-léger & dont le feul nom la bleffe,
s'il faut en croire M. Necker, elle payeroit
des remplacemens beaucoup plus forts felon
toute apparence; & qu'enfin la troifieme n'y
gagneroit pas non plus, puifqu'elle perdroit
tout ce que nous avons dit fur fes propriétés,
& que la faveur qu'elle obtiendroit, en fe con-
fondant avec la foule des roturiers, ne lui
épargneroit pas fans doute la furcharge des
remplacemens.

Quant aux manufacturiers, négocians & marchands dont M. Necker n'a parlé nulle part comme d'une claſſe contribuable, je dois préſumer qu'en effet ils ne ſeroient grevés d'aucun impôt ; & dans cette ſuppoſition, je conviens que ceux d'entre eux qui ſeroient le commerce des choſes que le peuple con-ſomme, pourroient gagner beaucoup à la ré-forme : mais je ſoutiens que tous les autres ſeroient bientôt ruinés pour autant qu'ils ne vendroient pas aux étrangers : car où ſeroient les propriétaires qui pourroient acheter d'eux ? Et quant aux manufacturiers, ils ſeroient comme les propriétaires ; c'eſt-à-dire, que, re-cevant des ouvriers une loi impérieuſe, ils manufactureroient ſi cherement, que bientôt ils ne pourroient plus vendre ni aux nationaux, ni aux étrangers.

Avant de parler des trois dernieres claſſes, je dois répondre à une objection. Que de-viendroit, pourra-t-on me dire, toute la ri-cheſſe nationale, ſi les quatre premieres claſſes ſe ruinoient en pure perte pour les trois autres, & probablement ſans aucun profit pour le Roi ? Elle deviendroit ce que ſont devenus les trois quarts de notre ancienne proſpérité, c'eſt-à-dire, qu'elle s'anéantiroit par l'indiſci-

pline toûjours plus grande de la claſſe qui
doit être laborieuſe, par la perte de beaucoup
de temps, par l'abandon de beaucoup de
terres, par une culture toujours plus négligée
de ce qui ne ſeroit pas abandonné : car c'eſt
ainſi que les trois quarts de notre ancienne
proſpérité, j'oſe le répéter, ſe ſont évanouis
depuis que les ſujets du Roi, du Clergé, &
de la Nobleſſe ont été abandonnés à eux-
mêmes, malgré leur éternelle minorité. La
ſomme du travail a diminué des trois quarts :
on a étendu des quatre cinquiemes preſque
toutes les exploitations ; on a abandonné les
mauvaiſes terres ; & le petit peuple, toujours
dépourvu de réflexion & de prévoyance, &
livré de plus à la domination de Seigneurs
burſaux, qui recueilloient par-tout ſans jamais
ſemer nulle part, eſt devenu pauvre & miſé-
rable. M. Necker & bien d'autres ne croiront
pas ce que je dis ici ; mais ſi j'ajoute qu'il y
eut un temps ou vingt-cinq à trente arpens
de terre, & ſouvent moins, étoient une bonne
ferme, dont le fermier héréditaire, ſous le
nom de colon, payoit plus de 600 livres à
ſon maître ; que le propriétaire de quatre fermes
pareilles devoit le ſervice d'écuyer, ſe nour-
riſſoit à l'armée pendant trois mois, & s'équipoit

pour fix mois; on concevra que la profpérité
nationale devroit être telle que je la fuppofe,
& que le Royaume pouvoit alors fournir
autant de fois dix mille écuyers, qu'il con-
tenoit de millions d'arpens de terre en culture. Et de plus, cette noble population, qui
avoit aulli fon luxe, donnoit à gagner à des
artifans & à des marchands en très - grand
nombre; en forte que je n'exagérerai rien en
comptant trente campagnards pour un écuyer
dix artifans & marchands pour un écuyer,
& trente payfans; ce qui faifoit, avec la famille
de l'écuyer, environ quarante-cinq perfonnes,
ou même cinquante fur cent arpens de terre,
ou environ dix-huit cents par lieue carrée;
car les arpens dont je parle étoient de trois
au bonnier, & le bonnier n'a pas cent dix
mille pieds carrés de furface. Si toute cette
profpérité s'eft évanouie par la feule perte du
temps, il ne faut plus demander ce que deviendront ces richeffes qui nous reftent,
quand on aura détruit *l'efpece d'efclavage*
qui naît de *la concurrence & de l'urgence des*
befoins : elles n'exifteront plus pour perfonne,
& le fifc lui-même fe defféchera fur un fol
inculte.

Je viens aux trois dernieres claffes dont

M. Necker n'a fait que deux, & qu'il a ensuite confondues en une seule, pour proscrire également les priviléges & des nouveaux nobles & des gentilshommes de la plus ancienne race; & d'abord je demande quelles sont les *nombreuses prérogatives* dont jouissent les nobles, tant anciens que nouveaux? Quels sont ces *avantages qui semblent hors de toute proportion?* Est-ce de ne pas payer la taille personnelle? Mais les nobles payent la taille d'exploitation par les mains de leurs fermiers; & la taille personnelle avec la capitation proportionnelle à cette taille, n'est pas, à beaucoup près, aussi forte que la capitation des nobles & des privilégiés: ainsi, en général, ceux-ci payent plus que les propriétaires roturiers. Est-ce d'être exempts pour l'exploitation d'un certain nombre de charrues? M. Necker dit trois charrues, ce qui est une erreur; il falloit dire quatre. Il dit ailleurs (tom. II., p. 318), que le Clergé jouit des mêmes priviléges que la Noblesse par rapport à la taille: il se trompe encore. Les dernieres ordonnances fixent à quatre charrues l'exploitation exempte des nobles, à deux charrues celle des ecclésiastiques, & à une charrue celle des bourgeois de Paris, dont M. Necker ne parle pas. Mais, soit trois,

foit quatre charrues , combien de gentilshommes jouiffent de ce privilége, & en jouiffent dans fa plénitude? à peine un fur deux
cents , & c'eft un grand malheur. Mais telle
eft l'indifcipline , telle l'infolence des derniers
agens de la culture. Le féjour de la campagne ,
au milieu d'un peuple fans frein & fans mœurs,
eft fi peu fupportable, que faire valoir pour
un gentilhomme c'eft fe ruiner, & qu'habiter
la campagne eft le malheur de ceux qui font
trop pauvres pour vivre honnêtement dans les
villes. Comptons donc pour rien le privilége
des quatre charrues.

Je cherche les nombreufes prérogatives, &
je n'en trouve pas une feule. Seroit-ce la préférence accordée à la Nobleffe pour le fervice
militaire? Mais cette préférence eft récente,
& M. Necker propofe de la lui ôter; mais
elle n'en jouit que bien imparfaitement; mais
on ne s'apperçoit guere de cette préférence
là où un grand nombre encore de gentilshommes vieilliffent, pour ainfi dire, en folli-
citant du fervice fans pouvoir en obtenir;
mais cette préférence eft, pour le grand
nombre de ceux qui l'obtiennent, le droit que
leur donne un brevet de fervir à leurs dépens,
c'eft-à-dire, qu'un Sous-Lieutenant de remplacement

cement ne peut pas ſervir, ſi ſes parens ne
lui font une penſion de 800 livres. J'arrive à
l'endroit où M. Necker a vu la Nobleſſe, &
je me place au même point de vue : c'eſt la
Nobleſſe de Paris & de la Cour , c'eſt elle
ſeule que M. Necker a vue. Je crains bien
que ce ne ſoit au milieu de cette Nobleſſe
que cet homme ſenſible ait conçu cette
amertume & cette *jalouſie*, dont il croit que la
ſource abondante eſt dans la comparaiſon que
fait l'honnête roturier de ſon humiliante contribuabilité, avec les priviléges dont jouit un
*nouveau noble à l'égal des gentilshommes de la
plus ancienne race.* Je dis qu'il peut bien avoir
conçu l'amertume & la jalouſie dont il parle ;
je ne dis pas qu'il ait rien éprouvé de ſemblable. Mais toujours entouré de riches & de
lettrés, il a pu voir que la Nobleſſe de la
Cour avoit bien des jaloux ; & en écoutant
les reproches amers qu'on lui faiſoit , il a
deviné une autre amertume & une autre jalouſie ; car entre les nobles de la Cour, il y
en a qui tiennent de trop près à la finance,
à la banque, au négoce ; il y en a qui ne ſont
pas aſſez loin d'une origine plus humble pour
échapper aux comparaiſons & être au-deſſus de
la jalouſie. Mais après avoir ſupprimé le nom

D

odieux de la *taille*, retranchons auffi de notre langue les mots de *Nobleffe* & de *Roture*, qui peuvent être auffi des fources d'amertume & de jaloufie: laifferons-nous le Roi feul dans fon palais, ou bien l'entourerons-nous de gens de mérite, comme font ceux dont s'entourent les Rois, là où il n'y a point de Nobleffe, à Conftantinople, à Ifpahan, peut-être à Dehli, mais certainement à Peckin, fi pourtant les Tartares ne font pas à la Chine l'office d'un ordre de nobleffe ? M. Necker croit-il que ces gens de mérite ne feront pas une fource d'amertume & un objet de jaloufie, eux qui n'auront rien qu'on ne leur contefte ; au lieu que du moins il y a quelque chofe qu'on ne contefte pas aux *Talleyrand*, aux *Montmorenci*, aux *Rohan*, aux *Polignac*, &c. &c. Ainfi, pour le but que M. Necker s'eft propofé, de tarir la fource des amertumes & de faire ceffer les jaloufies, fa réforme feroit encore inutile, à moins que tout ce qui entoureroit le Roi ne reffemblât à la Cour du Prince de Mingrelie, & ne fût un objet de pitié : mais ce que l'Auteur avoit projeté, ou a propofé pour nous amener à cette autre réforme, n'appartient point à ce chapitre.

CHAPITRE VI.

Suite de l'examen de la réforme conçue par M. Necker : on fait voir qu'elle ſeroit injuſte.

L'Auteur eſt peut-être un des Ecrivains politiques qui ont le plus recommandé à nos Rois la fidélité à remplir leurs engagemens; mais il n'en parle preſque jamais qu'à l'occaſion des affaires de Finance ; & l'argent eſt ſi bien ce qui lui rappelle l'idée de la fidélité , qu'à l'occaſion des priviléges , il n'imagine aucune autre indemnité qui pût être due à ceux qu'on en priveroit, que le *remtbourſement de toutes les charges inutiles , qui tranſmettent la nobleſſe héréditaire* (tom. III, p. 1 5 0); c'eſt que des charges repréſentent la ſomme qu'on en a payée, c'eſt que les priviléges lui paroiſſent être en partie l'intérêt de cette ſomme, c'eſt qu'il ne veut pas que jamais le Roi manque de parole à ceux qui ont donné de l'argent, ſoit à lui, ſoit à ſes ayans cauſe :

D ij

mais les anoblis, dont les peres ont acheté & revendu des charges anobliffantes ? Il ne propofe pour eux ni rembourfement (ils font déjà remboursés), ni indemnité ; & en effet, il feroit bien difficile de dire à quel titre il leur en feroit dû : on leur manquera donc de parole fans bourfe délier , & avec la feule attention de changer les noms des impôts en les aggravant : mais les anoblis , dont les peres ont déjà fait le métier des nobles , ceux dont les aïeux ne demandoient que du pain pour faire la campagne de 1709 , & confentoient à fe paffer d'habits & de chemifes , ne leur fera-t-il dû aucune indemnité , & feront-ils indemnifés de tout ce qu'il en coûta à leurs peres pour fervir l'Etat , par le feul avantage qu'ils auront de n'être pas *taillables* , mais feulement contribuables ; avantage qu'ils partageront avec les defcendans des ufuriers , à qui leurs aïeux vendirent leurs habits en 1709 , pour avoir de quoi retourner chez eux fans mendier en chemin ? J'en appelle à la juftice de M. Necker ; & fi, pour la réveiller, il lui faut des calculs , je lui propoferai d'évaluer ce que trois ou quatre aïeux d'un anobli auroient gagné en reftant chez eux à faire valoir leurs biens , ou en s'adonnant aux arts utiles du négoce & de la banque; ce qu'ils auroient épargné en ne faiſant pas la guerre, ou ce qu'il leur en a coûté pour la faire. Evaluerons-nous le ſang, les angoiſſes, les tourmens, les ſouffrances, les fatigues, dont il fait une peinture ſi pathétique dans ſa harangue contre la guerre ? Sa ſenſibilité mettroit ſans doute un haut prix à tout cela. Eh bien ! qu'il n'en doute pas, ces anoblis ne ſe dévouerent ainſi, que parce qu'ils ſe croyoient nobles , & ſe flattoient que leur nobleſſe, ſcellée de leur ſang, paſſeroit à leur poſtérité.

Eſt-il honnête de tromper leurs manes, de ne tenir compte de rien à leurs enfans ? Je ne demande point à M. Necker de comparer l'intérêt de la ſomme à laquelle il aura évalué tout ce que je viens de dire, avec l'exemption dont jouit l'anobli que nous ſuppoſons ; car cette exemption eſt nulle, il paye même plus que le fils de l'uſurier qui acheta pour vingt écus tout l'équipage de ſon biſaïeul : mais je demande s'il eſt juſte de le charger encore, ſous prétexte que ce ne ſera pas la taille qu'on lui demandera ; & s'il fait valoir ſon petit patrimoine, une ferme de mille écus, par exemple, je demande ſi la taille qu'il n'en paye pas eſt un intérêt trop fort de la ſomme à laquelle on peut évaluer les facrifices faits par fes aïeux. Je doute qu'on ait jamais trouvé de l'argent à un intérêt auffi bas ; & on ôtera à cet anobli fon petit privilége d'exploitation fans lui rien rembourfer !

Prêt à parler des *vrais Chevaliers François*, des *Gentilshommes de la plus ancienne race*, je crains prefque qu'on ne m'objecte qu'ils n'ont jamais financé, quoique tout ce qu'il leur en a coûté en différens temps pour obtenir des arrêts de maintenue, puiffe être regardé comme une finance. Mais c'eft-là un bien foible retranchement. Je préfente cependant environ onze fiecles de fervices militaires, & je demande à quoi cela peut être évalué ? On m'objectera que c'étoit un devoir des vieux Chevaliers François, à raifon de leur *liberté immune*, & à proportion de leur propriété également immune, & je fuis forcé de convenir que ce n'eft pas un mérite pour les enfans, que leurs peres aient fait leur devoir ; mais j'infifte, & je dis que ce fut en faifant leur devoir qu'ils furent fouvent réduits à accepter le rachat d'une partie du loyer que leurs fermiers perpétuels leur devoient de leurs terres ; je dis que ce fut en employant la funefte reffource des refontes & des alté-

rations de la monnoie, que nos Rois change-
rent en cuivre l'argent que ces mêmes fermiers
payoient pour partie du loyer de leurs fermes
héréditaires, & que c'eſt ainſi que tant de
propriétés, qu'on appelle rotures, ſont ſorties
des mains du Roi, du Clergé, & de la Nobleſſe, pour appartenir à des taillables. Ces
pertes ne méritent-elles aucune conſidération?
& quand on les connoît, peut-on penſer avec
M. Necker, que, même en haute Guienne, la
Nobleſſe ſoit plus riche qu'elle ne le fut
autrefois ? Une obſervation a trompé cet
habile obſervateur; il a vu que la Nobleſſe
poſſede des rotures, & que quelques gentilshommes ſont riches par la réunion, dans une
ſeule main, de huit ou dix terres nobles:
mais il n'a pas ſu que ces rotures étoient
autrefois des fermes de la terre dont elles re-
levent, & qu'avec une ſeule terre un gentilhomme étoit plus riche qu'il ne l'eſt aujour-
d'hui avec huit ou dix. M. Necker peut dire,
il eſt vrai, qu'une perte n'eſt pas un titre:
mais tout ce que je lui demanderois, s'il
daignoit entrer avec moi dans cette diſcuſſion,
ſeroit de convenir que la Nobleſſe, après avoir
perdu toutes ſes fermes anciennes, n'eſt pas
tenue par devoir de ſervir gratuitement le

Roi dans ſes armées, & que le Tiers-Etat, qui n'a tant de propriétés que parce que les propres de la Nobleſſe ſont devenus les ſiens par le fait d'autrui, peut bien devoir quelque choſe à la décharge de l'ordre dont il les a dépouillés.

Or, cette différence entre les deux ordres me paroît en autoriſer quelqu'une dans leur condition.

Je vas plus loin maintenant, & je fais obſerver à mes Lecteurs, que la taille de *l'oſt*, à laquelle furent tenus tous les roturiers envers le Roi dans ſes domaines, envers le Clergé & la Nobleſſe dans les leurs ; taille auſſi ancienne que la Monarchie, & même plus ancienne, a été cédée au Roi par la Nobleſſe dans ſes terres, à condition qu'il entretiendroit des troupes reglées (c'étoient alors des compagnies d'ordonnance), qu'il emploieroit principalement des gentilshommes dans ces compagnies ; & qu'au moyen de cet établiſſement, il épargneroit à la Nobleſſe, très-diminuée de nombre & très-appauvrie, de trop fréquentes convocations d'arriere-ban. Voilà, je crois, un ſacrifice & un titre ; ſacrifice facilement évaluable en argent ; titre qui n'eſt pas trop ſuranné, puiſqu'il date du regne de Charles VII.

Tant que la taille fe leve au profit du Roi,
Sa Majefté reçoit pour la Nobleffe un impôt
affez confidérable, que fes prédéceffeurs reçu-
rent long-temps de fes mains : car dès le
temps de Philippe-Augufte, il arrivoit fouvent
que la Nobleffe octroyoit au Roi la taille de
l'oft, qu'elle levoit dans fes terres ; & au temps
encore de Charles VII, c'étoient les officiers
des Seigneurs qui la répartiffoient & la rece-
voient pour le Roi.

On conçoit que les ferviteurs & fermiers
des feigneurs n'avoient point été taillés tant
que la taille avoit été levée au profit de leurs
maîtres. Ils continuerent à jouir de cette immunité après que la taille eut été cédée au
Roi : mais infenfiblement, fous prétexte qu'ils
étoient perfonnellement taillables du Roi, on
attaqua cette immunité, d'abord en ftatuant
que celui-là payeroit la taille qui auroit été
fur le rôle avant d'être fermier d'un gentilhomme, & enfuite en fuppofant que tout
homme étoit taillable du Roi, qui n'étoit pas
noble. Puis on éleva le foupçon que plufieurs
gentilshommes donnoient le nom de régiffeurs
à des hommes qui étoient en effet leurs fermiers, & on ftatua que nul gentilhomme ne
pouvoit faire valoir que dans une feule pa-

roiffe, bien entendu qu'il réuniroit à fa baffe-cour autant de fermes qu'il voudroit. Puis encore, on fuppofa qu'un gentilhomme ne pouvoit faire marcher par lui-même jufqu'à fept & huit charrues; que le maître d'une pareille baffe-cour devoit être un fermier; & qu'ainfi, pour faire ceffer une fraude auffi énorme, il falloit réduire le privilége de la Nobleffe à quatre charrues; & ce fut-là un des premiers fervices que le grand Colbert rendit à la Nation.

C'eft-là, ce me femble, un fupplément dont l'Ouvrage de M. Necker avoit befoin, puif-qu'il ne nous apprend point quelle fut l'ori-gine du privilége des quatre charrues, & que fans doute il ne l'a pas fu; car s'il l'avoit fu, il auroit vu, dans la taille que payent les fermiers de la Nobleffe, un impôt affez nou-veau, ajouté au facrifice qu'elle a fait au Roi de tout ce qu'on appeloit autrefois *l'arriere-taille*; & dès-lors, il auroit eu fans doute quelque indulgence pour la petite immunité perfonnelle qui refte à la pauvre Nobleffe.

La capitation & les vingtiemes font une autre efpece d'impôts dont M. Necker n'eft pas auffi mécontent que de la taille, des aides, & des corvées, fans doute parce qu'ils pefent fur tous les citoyens. En quelques endroits néanmoins, il héfite à donner à la capitation la fanction de fon fuffrage ; mais je ferai un petit article exprès pour cet impôt, Celui que M. Necker approuve fans reftriction eft le vingtieme, ou tel multiple de cette quotité que les befoins de l'Etat pourront exiger : c'eft vifiblement à cet impôt, fi commode pour quiconque fait compter jufqu'à vingt, qu'il veut qu'on ajoute tous les remplacemens d'autres impôts qu'il n'indique pas. Eh bien ! la promeffe de fupprimer le premier, le fecond, le troifieme vingtieme, eft une parole Royale, un engagement facré de trois Rois ; & M. Necker n'a pu l'ignorer : ce n'eft donc qu'aux prêteurs d'argent que M. Necker veut que les Rois tiennent parole, & ils peuvent felon lui, en manquer à tous les propriétaires du Royaume. Mais combien cette doctrine n'avilit-elle pas la majefté du Trône ! Les Rois doivent tenir parole aux prêteurs d'argent, parce qu'ils en auront encore befoin ; ils en font difpenfés envers le corps de la Nation, parce qu'on ne lui demande rien ; qu'on eft bien fûr de lui tout arracher quand on le voudra ; qu'elle ne peut ni s'échapper, comme les capitaliftes qui n'ont point de patrie, ni

cacher ſes fonds , comme ceux-ci cachent leur
argent : c'eſt donc à raiſon d'un intérêt pécuniaire que la parole des Rois eſt ſacrée. Otez
cet intérêt , ils pourront s'en faire un jeu :
mais dès-lors auſſi rien n'empêchera qu'ils ne
manquent à leurs engagement envers les prêteurs , du moment où ils n'auront plus l'eſpérance d'en trouver , ou dès qu'il leur ſera
prouvé qu'en ſe libérant d'une maniere ou
d'une autre , ils ſe mettront en état de n'avoit
plus beſoin d'emprunter. L'époque où les intérêts des dettes publiques montent à 207 millions,
n'eſt pas loin de celle où , en faiſant afficher ſa
quittance aux lieux accoutumés , le Roi
épargneroit de quoi ſe paſſer de la reſſource
des emprunts.

Mais n'adoptons point par repréſailles une
doctrine qui autoriſe toutes les infidélités , par
cela ſeul qu'elle en autoriſe pluſieurs; diſons
au contraire qu'il n'en faut commettre aucune ,
& qu'ainſi les premiers impôts qu'il faut ſe
propoſer de ſupprimer, ſont ceux dont la ſup-
preſſion a été promiſe, & qui, ayant été établis
les derniers , doivent être ceux qui répugnent
le plus, & aux droits de la Nation , & aux
maximes de la Monarchie Françoiſe : ces impôts
ſont la capitation & les vingtiemes.

M. Necker n'eft pas de cet avis ; & c'eft, comme je l'ai dit , aux vingtiemes qu'il veut ajouter tout ce qui devra être réimpofé à mefure qu'on fupprimera les impôts dont il veut décharger le peuple qu'il protege : auffi ne ceffe-t-il pas de recommander les cadaftres, dont la confection feroit le moyen le plus fûr de rendre ces impofitions perpétuelles, en faifant acheter leur régularité par une dépenfe prodigieufe.

Je crois avoir fait voir qu'en cela même la reforme propofée & ébauchée par ce Miniftre feroit injufte ; il me refte à faire voir qu'elle feroit pernicieufe.

CHAPITRE VII.

Suite du même sujet : que la réforme conçue par M. Necker seroit pernicieuse.

M. NECKER ne veut pas qu'on perde de vue une grande idée générale ; savoir (tom. III, p. 154), « que la plupart des Etats de l'Eu- » rope font , par leurs circonstances , ou » guerriers ou commerçans , & que l'esprit » de leur gouvernement doit s'adapter à ces » différences ; que la France, au contraire, » doit être l'un & l'autre. Elle est rappelée, » continue-t-il, aux idées de noblesse & de » service militaire, par sa constitution monar- » chique, & aux idées de commerce & de » richesses, par la nature de son sol, par l'in- » telligence de ses habitans, & par la position » du Royaume. Ces différentes considérations » se réunissent pour composer sa puissance ; il » faut donc habilement les ménager toutes ; » il faut, dans le même temps qu'on nourrit

» les opinions qui enflamment l'honneur & le
» courage, ne point décourager celles qui atta-
» chent aux occupations utiles & fécondes de
» la société ; & comme les sentimens d'amour-
» propre & de vanité qui meuvent tous les
» hommes, sont en France un ressort encore
» plus puissant, on ne doit pas le diriger aveu-
» glément, ni dégoûter des professions im-
» portantes, pour ajouter un petit triomphe
» de plus à celles qui sont déjà favorisées de
» tant de manieres ».

Oui, cher Lecteur , c'est bien M. Necker
qui dit tout cela ; & si tout cela n'est pas inin-
telligible , vous y voyez du moins les apperçus fugitifs de plusieurs vérités qui s'entre
choquent de maniere à être toutes mé-
connues & à vous échapper toutes.

Ce ne sont ni deux ni trois considérations
qui font la puissance : il n'y a point d'Etats en
Europe qui soient ou tout guerriers ou tout
commerçans , & moins encore où l'esprit du
gouvernement doive s'adapter à cette différence, pour rendre encore plus commerçant
celui qui n'est que commerçant , & plus
guerrier celui qui n'est que guerrier. Il faut
au contraire que l'esprit du gouvernement
contrarie l'esprit commerçant où il est trop

dominant. Les Provinces-Unies des Pays-Bas font sous nos yeux un exemple qui prouve cette vérité. Pour être devenus trop exclusivement commerçans, les Hollandois ont été sur le point de perdre leur liberté, & n'ont pas été loin d'être écrasés comme une vile peuplade de courtiers & de facteurs. Au moment où ils se sont réveillés de la léthargie de toutes les vertus, dans laquelle plonge l'amour exclusif de l'or, ils ont travaillé à rétablir leur milice nationale, ces compagnies bourgeoises dans lesquelles on n'admet que les citoyens *noblement nés*; & le petit peuple, ce favori de M. Necker, s'est trouvé être le plus dangereux ennemi, & de cette milice, & de la liberté. Un grand & puissant Prince, trop autorisé à mépriser ce peuple de marchands, & à penser qu'il ne trouveroit point d'alliés, parce qu'il ne méritoit pas d'en avoir, s'est indigné qu'après avoir renoncé à toute vertu politique, ces marchands osassent retenir le fruit de leurs anciennes victoires; & la République n'a pas trouvé de meilleure ressource, contre le danger dont elle étoit menacée, que la régénération de sa milice & un supplément à ce qui manque toujours aux peuples qui ont échangé la vertu contre l'argent : ses enrôleurs

se

se font répandus dans tous les pays où il y a plus d'hommes que d'argent, plus d'agriculture que de commerce. L'esprit du Gouvernement doit donc être de tenir la balance entre les arts & les professions nécessaires; & mieux on me prouvera que la France est rappelée aux idées de commerce & de richesses par la nature de son sol, par l'intelligence de ses habitans, par la position du Royaume, par le goût des jouissances, par un luxe qui anime le commerce au delà de toute mesure, & qui donne la plus grande intensité à l'amour des richesses; plus, je serai convaincu qu'il n'est pas besoin d'habileté pour ménager les idées de commerce & de richesses, & qu'on ne risque point de décourager les *opinions qui attachent aux occupations utiles & fécondes de la société*, parce que les opinions entrent pour très-peu dans les motifs qui déterminent les hommes aux occupations utiles, & que j'en connois très-peu qui soient fécondes, hors l'agriculture & les manufactures, qui en font le complément. Je pense de plus que c'est moins l'amour-propre & la vanité qui font des commerçans, que le besoin d'avoir du pain, auquel succede la passion de s'enrichir: il est vrai que la vanité vient à beaucoup de

E

négocians à mesure qu'ils deviennent opulens,
& qu'alors elle peut les dégoûter de leur importante profession, si, avec les richesses, ils
n'acquierent pas des honneurs telsqu'ils puissent
dédaigner tout autre état , toute autre profession ; & voilà ce que ne veut pas M. Necker.
Afin donc qu'aucun négociant, aucun marchand, aucun banquier, aucun entrepreneur
de manufacture ne soit tenté de quitter sa
profession, ou de la faire quitter à ses enfans,
il faut qu'elle soit aussi honorable que lucra-
tive ; il faut prendre soin *du relief & de la sa-*
tisfaction du commerce ; il faut que , fier de son
opulence & rassassié d'honneurs, il puisse mépriser tout ce qui n'est pas lui ; & comme , par
la nature de son sol, l'intelligence de ses habitans, & sa position , la France est rappelée aux
idées de commerce & de richesses, *les opinions*
s'accordant avec toutes ces circonstances, il
arrivera nécessairement que la Nation deviendra principalement commerçante, & que
les fortunes faites dans le commerce resteront
dans le commerce, pour y nourrir le luxe de
quelques milliers *d'heureux*, & y servir au
faste d'une nouvelle espece de Grands.

Mais si M. Necker avoit désiré sincerement
que le commerce fût *honoré*, il n'auroit pas dû

en ravaler l'utilité comme il l'a fait, lorſqu'ayant à combattre ceux qui voudroient que
le ſel fût marchand, il a dit (tom. II, p. 88)
« que le commerce eſt utile à l'Etat, quand
» il traite des intérêts de la Nation avec les
» étrangers, & quand il épie les beſoins d'une
» partie du Royaume, pour y faire arriver
» promptement le ſuperflu d'une autre : & que
» comme ce ſont-là ſes fonctions ordinaires,
» il en eſt réſulté l'idée générale que les bé-
» néfices du commerce ſont étroitement liés
» à la proſpérité de l'Etat ; *opinion qui n'eſt*
» *qu'un effet de l'aſcendant des mots*, & de
» laquelle on a conclu très-mal à propos *qu'on*
» *ne doit point avoir regret aux avantages dont*
» *le commerce jouit* ».

Car de cette doctrine, où les grands mots
d'intérêts de la Nation ne ſont entrés que parce
que l'Auteur n'a pu oublier un moment à
quelle profeſſion il doit principalement ſa fortune ; de cette doctrine, dis-je, il réſulte que
plus les marchands gagnent, moins ils ſervent
bien la Nation ; comme les prêteurs d'argent
la ſervent d'autant plus mal, qu'ils vendent
leur argent plus cher : d'où il ſuit que la ri-
cheſſe d'un négociant eſt en général la ſomme
de ſes démérites envers la Nation, l'amas de

falaires trop forts qu'il s'eft lui-même réglés
pour les fervices qu'il a rendus; preuve qu'il
n'eft qu'un mercenaire, qui eft affez récom-
penfé quand il eft payé. Or, M. Necker conviendra avec moi que les opinions doivent
repofer fur une bafe; que celles qui adjugent
l'honneur fuppofent quelque chofe d'eftimable;
que rien n'eft eftimable de ce qu'un homme
fait uniquement pour lui-même, & fans aucun
motif louable, comme les hommes font con-
venus de regarder le patriotifme, l'amour de
la gloire, l'attachement au devoir, l'amitié,
la reconnoiffance; que rien encore n'eft eftimable, qui n'exige aucun facrifice de l'efpece
de ceux qui conftituent les actes de vertu. Si
donc des paffions purement naturelles fuffifent
pour porter un homme à faire le commerce;
fi dans toutes fes *tranfactions* il eft fuffifamment
excité & guidé par fon intérêt perfonnel; s'il
eft infiniment rare que les négocians préferent
des fpéculations avantageufes à l'Etat, mais
peu lucratives pour eux, à d'autres fpéculations plus lucratives; & fi tel n'eft pas l'efprit
du commerce en général, en vain M. Necker
follicite des honneurs pour les négocians; car
l'opinion qui les rendra honorables ne fera
jamais qu'un culte de plus rendu à la richeffe,

& très-mal à propos il voudra ajouter le reſſort de l'amour-propre & de la vanité, à celui du beſoin ou de l'avidité; car ce ſera un double emploi, & nous verrons bientôt que M. Necker condamne ſéverement les doubles emplois.

Lors donc (tom. III, pag. 155) que cet ancien Adminiſtrateur conſeille de ne pas diriger aveuglément le reſſort dont nous venons de parler, & de ne pas dégoûter des profeſſions importantes, il donne un excellent conſeil; car il ne faut pas diriger ce reſſort de maniere qu'il ajoute ſon action à celle d'un autre reſſort déjà aſſez puiſſant, & qu'il perde ſa force pour les profeſſions qu'on n'embraſſe point, ou qu'on ne remplit pas bien ſans être mu par lui. Mais ce n'eſt pas là ce que M. Necker a voulu dire; car il demande que le reſſort de l'amour-propre & de la vanité, ſi puiſſant ſur les François, ſoit dirigé de maniere à ſeconder l'avidité de la claſſe gagnante, & non de maniere à *la dégoûter* de ſes gains, *pour ajouter un petit triomphe de plus aux pro-feſſions qui ſont déjà favoriſées de tant de manieres.* Ce petit *triomphe de plus* conſiſte apparemment dans les diſtinctions honorables que le Roi accorde à ceux qui ſe diſtinguent ou ſont cenſés s'être diſtingués dans d'autres pro-

E iij

feffions ; & la preuve que ces profeffions fe réduifent à celle des armes , c'eft qu'à ce propos l'Auteur recommande le privilége de la ville de Lyon , de fe garder elle-même, comme *une conftitution qui difpenfe de mêler les militaires & leurs prétentions au milieu d'une Cité floriffante par l'application univerfelle de fes habitans aux occupations de commerce.* Voilà donc la *profeffion* qui eft *déjà favorifée de tant de manieres !* N'eft-on pas fondé à croire que M. Necker n'a vu la profeffion des armes qu'à Paris & à Verfailles , & comme la rempliffent ces favoris du Gouvernement monarchique, ces enfans gâtés de notre conftitution ? Mais faut-il donner des cordons bleus & rouges aux plus riches négocians de France, aux principaux banquiers de Paris, à ceux, par exemple, qui pour un emprunt ont le plus de commiffions & font les plus fortes foumiffions ? ou faut il feulement avilir fi bien la Nobleffe , ravaler fi bas les *prétentions des militaires* , qu'aucun négociant , aucun banquier ne veuille plus être anobli, qu'aucun ne veuille plus mettre fes enfans au fervice ? Il eft déjà décidé qu'on ôtera prudemment à la Nobleffe tous fes priviléges utiles , afin que perfonne ne foit fâché de n'être pas noble ; on lui ôtera auffi toute préférence honorifique fur les claffes qui s'adonnent aux *occupations utiles & fécondes.* Il faut encore *diriger* tellement le reffort de l'amour-propre & de la vanité, que la profeffion des armes, *favorifée* d'ailleurs *de tant de manieres*, n'ait pas le plus *petit triomphe* fur les profeffions importantes du négoce & de la banque.

Et cependant M. Necker convient (t. III, p. 154) que la France eft *rappelée aux idées de nobleffe & de fervice militaire par fa conftitution monarchique*, qu'il *faut y nourrir les opinions qui enflamment l'honneur & le courage ;* c'eft-à-dire, que le Roi étant réputé très-noble, il eft dans l'efprit de la Monarchie qu'il ne foit pas feul noble; que la Nobleffe émanant en France de la profeffion des armes, & la haute Nobleffe des hauts-faits, qui dit Roi en France dit, en défignant le Souverain, le premier gentilhomme & le premier militaire du Royaume ; d'où réfulte le préjugé qu'il doit y avoir de la Nobleffe en France, que cette Nobleffe doit être militaire, & que cet ordre doit être tellement étagé, qu'il n'y ait point de lacune dans les gradations', afin que le Roi ne foit pas à une diftance incommenfurable & de la Nation & de celui qui eſt après lui le premier des militäires.

Après avoir fait ce commentaire ſur le premier apperçu de M. Necker, je commente le ſecond ; & je dis , que les opinions qui en-flamment l'honneur & le courage ſont celles d'une ſupériorité d'état & de naiſſance, à raiſon de laquelle on ſe perſuade qu'on doit être ce que n'eſt pas le très-grand nombre , qu'on doit faire ce que ne fait pas le plus grand nombre; celle de l'excellence des honneurs auxquels on peut aſpirer , & de la ſympathié qu'on doit conſerver avec le premier des nobles & le Chef éminent de tous les militaires ; celle de la beauté incomparable de certaines vertus , de l'excellence d'une maniere d'être, qu'on ne doit perdre qu'avec la vie; celle encore qui dérive de la premiere , l'opinion de la néceſſité dont il eſt de faire le métier des armes ou de n'en faire aucun , parce que tout autre métier dé-rogeroit à l'excellence d'un état qui eſt eſſen-tiellement militaire (1).

_____

(1) Ceci n'eſt pas dit dans l'intention d'interdire à la Nobleſſe toute autre profeſſion que celle des armes. La Magiſtrature eſt auſſi un état qui convient à la No-

M. Necker, qui parle d'*enflammer l'honneur*
comme le courage, ne ſait pas ſans doute que
l'honneur eſt la crainte de déchoir, & qu'on
n'enflamme pas cette crainte, mais que les
hommes en deviennent ſuſceptibles à meſure
qu'ils ont une idée avantageuſe de leur état;
& que, par un enſeignement qui n'eſt, ſi l'on
veut, qu'un cours de préjugés, on leur perſuade mieux que ce qu'il y a de réel dans cet
état eſt le prix anticipé des mœurs, de la
conduite, & des ſacrifices dont on leur fait un
devoir. Cette idée ſimple de l'honneur, ſi
M. Necker l'avoit eue, l'auroit conduit à des
conſéquences qu'il n'a point ſaiſies; & ſi, dé-
veloppant mieux l'idée qu'il s'eſt faite de la
Monarchie, il en avoit conclu qu'il doit y
avoir analogie d'état comme de mœurs des
nobles au Roi, des guerriers à leur généra-

---

bleſſe ; & quand un gentilhomme pauvre ſe feroit Avocat
ou Médecin, Profeſſeur des Arts libéraux, il ne déro-
geroit pas plus qu'en entrant au ſervice d'un Prince apa-
nagé comme Ecuyer, &c. Mais il ne faut pas qu'il y
ait hors du militaire beaucoup d'emplois honorables pour
la Nobleſſe, comme il faudroit que tout gentilhomme
trouvât du ſervice. Depuis l'engorgement qu'éprouve notre
militaire, les charges de judicature ont doublé & quadruplé de prix dans certains Parlemens.

lissime, il n'auroit pas été du moins si hardi
à propoſer de conſommer la refonte déjà trop
avancée des mœurs, des préjugés, de l'état
des perſonnes, & de la conſtitution de cette
Monarchie. Mais puiſque M. Necker a ignoré
ces choſes, c'eſt encore ici l'occaſion de ſuppléer ce qui a manqué à ſes connoiſſances.

Lorſque cet Empire fut fondé, une expérience récente avoit appris l'inconvénient des
cadaſtres, de l'impôt territorial, du déſeſpoir
des propriétaires, d'un gouvernement fiſcal
plus dur qu'aucun qui ait exiſté depuis, &
cependant ſi malheureux, qu'avec toutes ſes
exactions, tout le fiſc de la Gaule ne four-
niſſoit pas à l'entretien de vingt ſept mille
hommes, & que cependant les ſoldats n'étoient
ni vêtus ni nourris. L'exemple étoit auſſi récent,
qu'un Empereur avoit invité tous les libres
propriétaires à prendre les armes pour la dé-
fenſe de l'Empire, & que la plupart les avoient
priſes pour hâter la révolution qui devoit ſubſ-
tituer le nom des Francs à celui des Romains.
Nos premiers Légiſlateurs, témoins de cette
expérience politique, firent ce que compor-
toient les mœurs de ce temps-là. Ils réglerent
que tout libre propriétaire ſeroit déſormais *immune*, & auroit dans ſa terre tout ce que le fiſc y

avoit exigé de ſes colòns; qu'à cette condition il feroit tenu au ſervice militaire dès qu'il auroit atteint l'âge de douze ou de dix-ſept ans, ſuivant les pays. Dès-lors la liberté parfaite fut le titre auquel on fut guerrier, & la meſure de la propriété fut celle du ſervice auquel on étoit tenu : mais dès-lors auſſi le corps de la Nation fut étranger au fiſc, hors les cas d'amende, & il fut impoſſible que la rigueur du fiſc brouillât la Nation avec le Monarque. Elle put ſeulement brouiller quelques individus avec un Miniſtre des Finances, lorſque celui-ci les réclama comme ſujets du fiſc, quoiqu'ils fuſſent *Francs immunes :* & en effet, quelques Miniſtres payerent de leur vie des entrepriſes de cette eſpece. Mais telle fut la maxime de notre Gouvernement ; maxime ébauchée par les Marc-Aurele, les Probus, les Conſtantin, que quiconque naiſſoit ſoldat naquît immune, que quiconque le devenoit par un affranchiſſement parfait, devînt immune, & que jamais le fiſc ne fût compromis avec la bravoure, l'amour dû au Souverain avec l'impatience des exactions, la liberté & la propriété avec les contributions qui dégradent l'une & l'autre. Jamais donc la force ne put être employée à l'oppreſſion , & jamais

non plus il n'y eut lieu au fcandale d'une
infurgence contre le fifc. Voilà cette maxime
tutélaire de notre Gouvernement, à laquelle
nous devons fa longue durée. Il nous en refta
jufqu'au fiecle dernier l'immunité perfonnelle
& réelle de tous les guerriers qui compofoient
les corps d'élite, & de tous les officiers qui
étoient l'ame & le nerf de notre milice. Il
nous en étoit refté jufqu'à Henri IV la fran-
chife & l'anobliffement de ceux qui, nés dans
la roture, avoient embraffé le métier des
armes, & avoient perfévéré dans cette noble
profeffion. Les fubtilités des extendeurs de la
taille porterent la premiere atteinte à l'immunité réelle. Pontchartrain ofa le premier attaquer l'immunité perfonnelle, par l'établiffement
univerfel de l'impôt qui avoit été le figne
caractériftique de la roture, de cette humiliante capitation qui avoit été purement plé-
béïenne fous les Romains.

Ce n'eft donc que depuis la fin du dernier
fiecle, qu'on a dénaturé l'état des perfonnes ;
ce n'eft que depuis environ quarante ans, qu'on
a dégradé nos biens par un impôt réel, qui fait
regretter à M. Necker les cadaftres de ces mêmes
Romains.

Mais fait-il quelles étoient les lois de ces

cadaftres ? Il en connoît une (t. 11 , p. 255),
parce qu'elle a été renouvelée dans la Haute
Guienne , pour « obliger le propriétaire de
» payer l'impôt du terrain qu'il laiffe en friche ,
» fous peine d'être privé des autres parties de
» domaine qu'il poffede dans la même pa-
» roiffe ». Sait - il que non feulement les arpens de terre , de pré , de bois taillis , étoient
comptés dans ces cadaftres , mais qu'on y inf-
crivoit le nombre des ceps de vigne & d'o-
livier qu'il y avoit fur chaque propriété ?
fait - il qu'on ftatua la peine de mort contre
quiconque arrachoit un ceps de fa vigne ou
coupoit un arbre dans fon plant d'oliviers ?
fait - il que , malgré tous les impôts indirects qu'établirent les Empereurs , & que
Colbert voulut connoître , pour les renouveler ou pour en faire un choix , l'impôt territorial s'éleva jufqu'à 25 fous d'or par tête des
biens , telle qu'il y en avoit vingt-fept mille
dans le feul diocefe d'Autun , dont le revenu
paroît avoit été de 120 fous ? fait-il que , malgré la modicité de cet impôt , car nous fommes
forcés aujourd'hui de dire qu'il étoit modique ,
il y avoit telle province où le tiers ou la
moitié des terres étoient en friche , lorfque la
Providence délivra nos aïeux de la funefte do-

mination à laquelle les Romains ne donnoient
plus que leur nom ? Ces connoiffances l'ont-
elles conduit à cette réflexion, ⸤ ⸥ le plus
funefte des impôts eft celui qui ei affis fur les
terres, dans une proportion exacte avec leur
produit, parce qu'il eft extenfible jufqu'à la
proportion de vingt vingtiemes ?

Mais ramenons ces obfervations au fujet de
nos premieres remarques ; & que M. Necker
nous permette encore de lui demander s'il
penfe qu'il puiffe refter quelque analogie de
la nobleffe à la royauté, quelque fympathie
d'un ordre toujours rançonné, avec celui qui
commande toutes les exactions, ou que fans
une pareille analogie & fans une telle fympathie, il puiffe exifter une conftitution monarchique, lorfque, de fon aveu, la France eft
rappelée aux idées de nobleffe & de fervice
militaire par une femblable conftitution? s'il
penfe que la crainte de déchoir puiffe naître
dans l'ame des hommes & y avoir quelque effet,
lorfqu'ils ne peuvent fe faire une autre idée de
leur état, fi ce n'eft qu'ils font hommes
comme tout le monde, citoyens comme le
dernier arrivé, propriétaires pour n'avoir que
ce qu'on leur laiffera ? A quoi un homme, en
cet état, peut-il fe croire obligé ? Et s'il eft

lâche, intéreſſé, menteur, pareſſeux, ſans vertus enfin, a-t-il lieu d'en rougir, lorſqu'étant
homme, il reſſemble au plus grand nombre
des hommes ? Cette obſervation revient à celle
de Xenophon, qui diſoit qu'il ne pouvoit y
avoir d'honneur à Athenes, parce que le pis
qui pouvoit arriver à un homme deshonoré,
étoit de reſſembler au Souverain, c'eſt-à-dire,
au Peuple Athénien.

M. Necker a encore méconnu le ſyſtême de
notre Monarchie en un point tres-eſſentiel.
« L'Etat gagne-t-il, ſous aucun rapport, a-t-il
» dit (tom. 11, pag. 439), à la réunion des
» grandes dignités du Royaume & de la Cour
» au ſervice militaire »? Et dans le même endroit, il indique, d'une maniere non équi-
voque, ſon vœu que ce ne ſoit pas la Nobleſſe
du Royaume la plus qualifiée, que ce ne ſoient
pas les aînés des grandes Maiſons, comme les
cadets, qui ſe conſacrent au ſervice militaire,
& qu'il s'établiſſe un nouveau ſyſtême, ſuivant
lequel les grands Seigneurs puiſſent vivre plus
long-temps dans leurs terres : & à cette occaſion, il nous apprend que le ſyſtême du Cardinal de Richelieu n'eſt plus de ſaiſon. Je ne
ſais s'il veut dire que les grandes dignités du

Royaume ne doivent pas non plus être donnéeſ
aux grands Seigneurs, ou du moins aux aînés
des grandes Maiſons ; ou ſi, laiſſant à ceux-ci les
grandes dignités, il veut qu'il n'y ait que les cadets ou les pauvres gentilshommes qui entrent
au ſervice, ſans eſpérance d'arriver aux grandes
dignités du Royaume, ou à condition de quitter le ſervice, du moment où ils en ſeroient
décorés. De maniere ou d'autre, les dignités
ſeront ſéparées ou de l'opulence ou de la gloire
des armes ; & le ſervice militaire ſera toujours
ſéparé, & de l'opulence patrimoniale, & des
grandes dignités qui approchent de la perſonne du Roi & donnent le premier rang
dans l'état. Ainſi, le Roi ne ſera entouré que
de Grands qui n'auront jamais ſervi ; ou, s'il
approche de lui des Militaires, ce ſeront tous
des Soldats heureux, qui auront fait toute
leur fortune au ſervice. Or, rien n'eſt plus contraire à l'eſprit de notre Gouvernement, à ces
mœurs qui, ſuppléant aux lois, nous préſervent
du deſpotiſme oriental, & nous ont préſervés
juſqu'ici de ce qu'on appelle des Beys & des
Mammelucs en Egypte, des Bachas & des Ja-
niſſaires en Turquie.

Et encore, comment concilier ce vœu de
M,

M. Necker avec un autre vœu qu'il forme en plus d'un endroit, & particulierement dans le même chapitre qui donne lieu à cette remarque, lorſqu'il y dit (p. 436), « qu'il eſt vraiment
» malheureux que les grades, les décorations
» & les diſtinctions de tout genre accroiſſent
» & multiplient les graces pécuniaires, tandis
» que ces conceſſions honorifiques pourroient
» en tenir lieu, ou y ſuppléer du moins en
» partie. Que ce ſeul eſprit fût prédominant,
» ajoute-t-il, & les moyens d'économie de-
» viendroient auſſi faciles à établir qu'on y
» trouve de difficultés, lorſque l'argent eſt
» inſenſiblement la meſure de tout. C'eſt l'Ad-
» miniſtration cependant qui doit ſe reprocher
» cette ſubverſion des idées, car le caractere
» national ſe prêtoit merveilleuſement à des
» idées différentes ». Oui, lorſqu'on n'avoit pas concentré toutes les richeſſes dans une Capitale, hors de laquelle, dit-on, on végete dans l'oubli ; oui, quand on ne nous avoit pas encore accoutumés à honorer la ſeule opulence ; oui, quand on n'avoit pas encore fait de nous tous des contribuables que la néceſ-ſité de payer rappelât ſans ceſſe à la néceſſité de gagner, bien plus qu'à l'habitude d'é-pargner à côté du riche faſtueux ; oui, quand

F

on étoit riche de fa terre , & qu'il étoit permis
de vivre de fes récoltes & de fes cens & rentes ;
oui, quand la pauvreté n'étoit pas ridicule ;
oui, quand nous pouvions marier nos filles
fans argent, parce que nous ne les établiffions
point en concurrence avec des millionnaires ;
oui, quand nous ne donnions point pour meres
à nos enfans, des filles accoutumées à ne prifer
que la richeffe & à briller par le luxe. Exiger
que nous reprenions notre ancien caractere,
dans ce fiecle, & lorfque M. Necker travaille
à concentrer tout l'argent du Royaume dans
la Capitale, c'eft former une prétention plus
étrange encore que celle qui fuit celle-là
(page 437); favoir , que le luxe foit diminué dans les camps & les garnifons, auffi
long-temps que l'Adminiftration, éclairée par
M. Necker, le careffera dans les Villes, & fur-
tout dans la Capitale.

Mais je reviens de cette digreffion, pour
demander à M. Necker comment il l'entend,
lorfqu'il permet aux grands Seigneurs d'habiter
leurs terres, qu'il ne veut dans le militaire que
des pauvres, nobles & autres, & que cependant fon vœu eft qu'on diminue la folde des
officiers, qu'il voit avec indignation s'élever
plus haut que celle des foldats (pag. 435),

& qu'on les récompense par des décorations
sans pensions. N'est-ce-là que de l'incohérence
& des contradictions, comme en produisent les
passions qui troublent le raisonnement ? Mais
je me rappelle la Cour du Prince de Mingrelie,
& je tremble qu'elle ne soit le modele de celle
que M. Necker voudroit faire à nos Rois, si
pourtant il n'aime pas mieux les entourer d'une
Chambre des Communes, ou en faire des Stat-
houders. Si c'est-là son intention, il n'y a plus
d'incohérence dans son système : la Noblesse,
ravalée en réalité au niveau du Peuple, se
confondra avec lui, & cessera d'être Noblesse.
les villes de commerce se gardant elles-
mêmes, & n'ayant ni garnisons, ni Cours souveraines, ni Noblesse, prendront toute la
fierté de l'opulence, & tout l'amour de la liberté qu'inspire le commerce ; l'armée, privée
de ses places de recrutement, privée de la ressource des milices, que M. Necker proscrit,
composée uniquement d'officiers aussi pauvres
chez eux que les soldats, mais qu'il faudra
toujours mieux payer à mesure qu'ils seront
plus pauvres & plus ignobles, & qu'on payera
mieux les soldats ; l'armée, dis-je, diminuera
de nombre, & sera facile à débaucher de la
maniere dont on dit que les Hollandois dé-

bauchent à l'Empereur fes pauvres foldats; &
quelques brochures, compofées dans l'efprit de
l'Ouvrage fur les Finances, & répandues avec
profufion dans les provinces, acheveront la révolution.

A Dieu ne plaife que j'impute férieufement
à M. Necker un pareil projet! Je le déduis du
rapprochement de plufieurs idées éparfes, qu'il
n'a peut-être pas rapprochées lui-même; comme
un homme qui difïerte fuperficiellement fur une
grande diverfité d'objets, peut fournir les ma-
tériaux d'un fyftême très-étrange qu'il n'a jamais conçu. Mais je fais voir que cet Adminiftrateur, quelque excellent homme qu'il foit
à beaucoup d'égards, n'a pas le génie de la
légiflation, génie qui confifte effentiellement à
ne pas faire une feule loi qui ne quadre avec
toutes les autres, & n'entre dans un plan qui
embraffe tout l'enfemble. Ce génie eft rare;
& quand je le refufe à M. Necker, je ne prétends pas encore le ravaler au deffous d'aucuns
des Miniftres qui nous ont gouvernés au moins
cent foixante & feize ans.

CHAPITRE VIII.

Rapprochement de deux lois que M.
Necker a fait enregiſtrer , avec des
remarques ſur quelques autres. Tailles,
Capitation , Vingtiemes.

J'AIME à rapprocher deux lois que M. Necker
ſe félicite d'avoir fait agréer au Roi, & ſe vante
d'avoir fait enregiſtrer. Par l'une, ce Miniſtre
populaire ôta à la Couronne ce qu'une ligue
puiſſante n'avoit pu arracher à Charles VII
encore mal affermi ſur le Trône, & égala le
peuple dans le point le plus eſſentiel, aux
autres ordres de l'Etat ; par l'autre il impoſa à
nos Rois úne loi qui jamais ne leur avoit été
impoſée , & qui eut pour but de les gêner dans
la diſtribution des grâces , des bienfaits , & des
récompenſes. Parlons d'abord de cette derniere
loi, parce que c'eſt celle ſur laquelle nous nous
étendrons le moins.

« (Tom. II, pag. 392.) Par des lettres pa-
tentes adreſſées en 1778 à la Chambre des

» comptes, le Roi confioit à cette Cour la
» comptabilité des penfions, & affujettiffoit
» cette comptabilité aux mêmes formes établies
» pour les rentes viageres fur l'hôtel de ville.
» C'étoit une premiere difpofition de la plus
» grande conféquence (d'autant plus que le Roi
» annonçoit par ces mêmes lettres fa réfolu-
» tion) de fixer, par un réglement ftable &
» enregiftré à fa Chambre des Comptes, la
» partie des extinctions annuelles dont il vou-
» droit que le remplacement pût être fait chaque
» année ».

M. Necker eftimoit ces extinctions à 900
mille livres, fur le pied de 28 millions à quoi
il croyoit que montoient les penfions, & vouloit qu'on n'en remplacât que la moitié, c'eft-
à-dire 450 mille livres; de forte qu'il auroit
réduit avec le temps la fomme totale des graces
à la moitié de ce qu'elle eft aujourd'hui.

Si M. Necker en avoit été cru, on auroit
auffi ôté à l'Ordre du Saint Efprit fa dot de
600 mille livres (tom. II, pag. 504), « parce
» qu'un pareil facrifice de la part de l'Etat n'eft
» pas néceffaire; que les perfonnes qui ob-
» tiennent le cordon bleu jouiffent déjà pour
» la plupart de quelque grace utile, & que
» quand ils n'en auroient aucune, il n'eft point

» de circonstance où l'argent soit moins de
» saison, que celle où l'on reçoit une marque
» d'honneur & d'un prix si haut dans l'opinion ,
» qu'on sacrifieroit pour l'obtenir une portion de
» sa fortune. Les décorations , dont l'idée étoit
» ingénieuse , devoient être considérées comme
» une monnoie de vanité , qui devoit suppléer
» aux récompenses pécuniaires ».

Cela est en effet ingénieux : mais jamais en
France, malgré la vanité de la Nation , cette
spiritualité de récompense , si je puis m'expri-
mer ainsi , ne fut dans les maximes de notre
Gouvernement. Quand nos anciens Rois vou-
loient décorer quelqu'un *de grand honneur*, *l'é-
lever très-haut* , ils lui donnoient en propriété
une portion de leur domaine , augmentoient
par-là ses armes , & le faisoient Chevalier de
haubert & haut justicier, s'il ne l'étoit pas déjà,
ou le mettoient en état d'avoir un vasselage,
s'il étoit déjà Chevalier de haubert. Lorsqu'on
s'avisa de reprocher aux Rois de la seconde
Race ce qu'on appeloit leur *domination*, on leur
fit une loi de n'accorder aucune grace sans le
consentement du Sénat de la Nation , & le
Démarque, Hugues le Grand , veilla à l'ob-
servation de cette loi; car on connoissoit dès-
lors l'art de lier les Rois par les lois. Le vé-

ritable Monarque confent à être ainfi lié. Mais
vouloir ôter à la Monarchie fes inconvéniens,
c'eft vouloir la détruire ; comme ôter à une
République fes inconvéniens, ce feroit auffi
la détruire. Il en eft de même de toutes les
chofes de ce monde & de cet univers lui-même.
Tout eft *deux à deux*, eft-il dit quelque part :
le froid & le chaud, la lumiere & les ténebres,
le feu & l'eau, le bien & le mal. C'eft un inconvénient de la Monarchie que la profufion
des graces : mais ôtez au Monarque le droit
d'en répandre, gênez-le dans l'exercice de ce
droit, & vous atterrez la Monarchie, vous
préparez fa ruine.

L'argent n'eft pas de faifon, dit M. Necker,
quand on donne le cordon bleu ou autres décorations de ce genre. Mais s'il n'eft pas de faifon, qu'on n'augmente donc pas la capitation
de celui qui obtient une décoration, un titre,
un emploi honorable ; qu'on brûle ce tarif de
la capitation qui la proportionne aux dignités ;
que l'homme, qu'on anoblit aujourd'hui à tort
ou avec raifon, n'en foit pas puni demain par
un accroiffement d'impofition.

Eft-ce là un reproche à faire à M. Necker,
qui n'a point établi la capitation ? Oui, je le
lui fais ; car il a été plus loin que ceux qui

l'établirent. Expliquons ceci, & commençons par
écouter M. Necker : « J'ai moi-même (tom. 1,
» p. 341) proposé au Roi des lois générales pour
» les vingtiemes, la taille, & la capitation... La
» loi fur la taille & la capitation avoit pour
» but d'empêcher formellement l'augmentation
» arbitraire de la fomme de ces impôts dans
» chaque province. Un arrêt du Confeil émané
» du département des Finances, ou de celui de
» la Guerre pour quelques provinces, fuffifoit
» pour étendre cette partie des contributions
» des Peuples. Le Roi, fur le compte que je lui
» rendis des inconvéniens qui réfultoient d'un
» pareil ufage, prit la réfolution généreufe de
» circonfcrire lui-même cette facilité, en décla-
» rant que la taille à l'avenir ne pourroit plus
» être accrue fans l'autorité d'une loi enregif-
» trée dans fes Cours ». Le rapport du bureau
des impofitions, à la derniere affemblée de l'Adminiftration provinciale du Berry, a commenté
cette loi, en nous apprenant qu'elle eft du 13
février 1780, & a appelé une *réfolution cou-
rageufe*, celle que le Gouvernement prit ce jour-
là *de fixer le montant de la taille & de fes acceffoires, ainfi que celui de la capitation taillable.*

M. Necker remarque (tom. 1, pag. 383),
que c'eft depuis fa retraite que le bureau des
impôts s'eft expliqué de cette maniere. Mais

je remarque, moi, qu'il a eu communication de son rapport long-temps avant qu'il fût public ; je remarque que, suivant le procès verbal maintenant publié, c'est un membre du clergé qui a rédigé ce rapport ; je remarque que ce n'étoit pas du mérite de la loi qu'il s'agissoit dans le rapport, & qu'il falloit uniquement en tirer parti pour rassurer les taillables contre les suites d'une vérification qu'on alloit leur proposer.

Je trouve, comme M. Necker, qu'il étoit bien étrange que par des arrêts du Conseil, *émanés*, les uns *du département des Finances*, les autres du département *de la Guerre*, selon les provinces, on étendît les tailles & la capitation des taillables à volonté. Mais ce qui me paroît étrange, c'est que de pareils arrêts *du Conseil* émanassent de l'un ou de l'autre département, & ne fussent par conséquent pas, à parler exactement, des arrêts du Conseil. Car si ce n'eût été en effet que par des arrêts du *Conseil d'Etat* que la taille eût pu être augmentée, je n'aurois rien trouvé d'étrange à cette forme, & j'aurois seulement désiré que le Conseil d'état eût été composé de plus de Ministres sans département qu'il n'y seroit entré de Secrétaires d'Etat ayant département, pour que l'arrêt du Conseil fût le véritable résultat du Conseil, & non l'ouvrage seul d'un ou deux Ministres.

Mais en admettant & cette forme & cette composition du Conseil, je soutiens que ce devoit toujours être en vertu d'un Arrêt du Conseil que la taille pût être accrue ; & voici mes raisons. Depuis la fondation de la Monarchie, la taille fut imposée par le Roi & la Noblesse dans leurs domaines, & successivement par les Prélats, à mesure qu'ils devinrent privilégiés, sans autre formalité que leur délibération & celle de leurs officiers, qui *taillerent à volonté de taille raisonnable* ; & lorsque la Noblesse & le Clergé octroyerent au Roi la taille dans leurs terres, ce fut un don qu'ils lui firent de ce qu'ils avoient droit de lever pour leur propre compte. Les choses resterent en cet état jusqu'en 1402, lorsque le duc d'Orléans, Lieutenant général du Royaume pendant la maladie de Charles VI, proposa en Conseil de faire lever la taille & l'arriere-taille en vertu d'une délibération de ce même Conseil. Il étoit composé entre autres des Ducs de Bourgogne & de Bretagne, & de plusieurs autres grands personnages. L'avis du duc d'Orléans fut approuvé ; & l'arriere-taille, de même que la

taille des domaines du Roi, fut levée en vertu
d'un Arrêt du Conſeil, en Bourgogne comme
dans le reſte de la France. Le Duc d'Orléans
ne tarda pas à propoſer la même reſſource, que
ſes prodigalités rendoient toujours plus nécef-
ſaires. Mais pour cette fois les Ducs de Bourgogne & de Bretagne s'oppoſerent à la levée
de l'arriere-taille, & déclarerent que ſi le Conſeil
l'ordonnoit, ils l'empêcheroient dans leurs
duchés. L'arriere-taille fut encore impoſée par
Arrêt, & les deux Ducs tinrent parole; ils ne
ſouffrirent point qu'on la levât dans leurs
duchés. Deux exemples donnés avant les grands
malheurs de la Monarchie furent ſuivis dans
les temps de trouble. Et en 1445, lorſque les
Princes & les Grands aſſemblés à Nevers de-
manderent à Charles VII qu'il n'impoſât plus
la taille, c'eſt-à-dire, l'arriere-taille, par Arrêt
de ſon Conſeil, il répondit qu'il en étoit en
poſſeſſion depuis plus de quarante ans, & qu'il
n'entendoit pas y renoncer. Aux Etats de
Tours tenus en 1484, àprès la mort de Louis XI,
qui avoit porté les tailles au triple à peu près
de ce que Charles VII en avoit tiré, le Tiers-
Etat, preſque tout compoſé d'Avocats, fit
régler la quote de chaque Province, & ſtatuer
que le Roi ne pourroit lever au delà de la

fomme qui fut alors fixée, fi les Etats n'oc-
troyoient davantage. Mais l'efprit Républicain
dont cet ordre étoit animé depuis le Prévôt
Marcel, n'étoit pas celui de la Noblesse, qui,
hors des affemblées, étoit encore l'ordre le
plus puiffant; & ce fut fans aucun inconvénient
que, depuis le regne de Charles VIII jufqu'à
celui de Henri IV, on ajouta par Arrêt du
Confeil dix ou douze *crues* au principal de la taille
fixée en 1484. C'étoit donc une très-ancienne
poffeffion de nos Rois d'augmenter la taille
par des Arrêts de leur Confeil, lorfque M. Necker
a obtenu du Roi, qui n'avoit en vue que le
bonheur de fes Peuples, une loi qui compromet
en quelque forte le dômaine de fa Couronne.
Donner au Roi des entraves qui ne lui permet-
tent pas d'augmenter la taille comme s'accroît
le prix des denrées, c'eft vraiment diminuer le
droit de fa Couronne; c'eft le détériorer (1).

Que les impôts qui devroient être confentis

_____

(1) *Les Cours,* au furplus, n'ont pu recevoir qu'avec
acclamation une loi qui mettoit des bornes à l'arbitraire
de cette impofition : je dis feulement que c'étoit au
Miniftre qui a préfidé à cette opération à en fentir les
conféquences, & à porter fes vues fur des objets qui
n'avoient pas les mêmes inconvéniens dans l'ordre de
la conftitution de ce pays-ci, & qui méritoient de fa
part une attention plus particuliere.

par la Nation, parce qu'ils pesent sur des
citoyens qui par état & d'origine ne sont pas
contribuables, ne puissent être levés qu'en
vertu d'une loi enregistrée, c'est-là ce qui me
paroît au moins raisonnable. Mais qu'on mette
de niveau ces impôts & celui qui fut toujours
dû par les sujets domaniaux, à qui que ce fût
qu'ils le dussent, c'est ce qui me paroît contre
toute regle, puisque c'est confondre tout, &
ravaler les citoyens, à qui on égale ceux qui
leur furent toujours inférieurs, & par leur état,
& par la nature de leurs biens, & par le titre
de leur contribuabilité. Encore si M. Necker
n'avoit fait que ce que je lui reproche, on
pourroit l'excuser par sa commisération pour
le petit peuple qu'il chérit. Mais je dénonce ici
au public un fait qui annonce d'une maniere
bien plus insigne encore son véritable système
& sa partialité.

En fixant la taille & la capitation taillable,
M. Necker n'a pas fixé la capitation des
nobles & des privilégiés. Pour faire com-
prendre à mes lecteurs l'importance de cette
remarque, je dois encore ajouter un supplément à la doctrine de M. Necker. Par une
loi qui n'est pas ancienne, il a été statué que
la capitation des taillables seroit composée sur

chacun d'eux au marc la livre de la taille à laquelle il seroit cotisé. C'étoit le moyen que la capitation ne fût arbitraire que comme la taille, & qu'il n'y eût pas deux arbitraires au lieu d'un. Voilà pourquoi M. l'Abbé de Seguiras appelle capitation taillable celle que payent les taillables; & ceci explique ce qu'il nous a appris, que le montant de la capitation taillable a été fixé par la loi du 13 Février 1780. Mais remarquons d'abord que le régime de la taille & de la capitation taillable est le même, & que s'il y a des vices dans la répartition de la taille, ils sont doublés par la loi qui les rend proportionnels l'une à l'autre. Expliquons ceci par un exemple. Un fermier qui paye cent écus de loyer, & est cotisé à 70 liv. du principal de la taille ou du premier brevet, paye de capitation & d'accessoires, ou en un mot de second brevet, 75 liv., parce que telle est à peu près la proportion des deux brevets. Le maître taillable de ce fermier qui a neuf autres fermes de même valeur & n'en exploite aucune, a fixé son domicile dans une petite ville à portée de ses possessions éparses dans dix paroisses. On l'a taxé à la taille sans connoître son bien, mais avec les ménagemens qu'on a pour un homme aisé, qui fait présent de sa quote à une Com-

munauté; quand il pourroit en gratifier une
autre paroiffe. Il paye 12 liv. de taille, & en
fixant fa taille on a auffi fixé fa capitation.
Ainfi il paye en tout 24 liv. 10 fous pendant
que fes fermiers payent enfemble 1450 liv.,
& que les fermiers du gentilhomme, pour pareilles exploitations, payent au moins la même
fomme. Si l'affiette de la capitation n'étoit pas
réglée par celle de la taille & par les mêmes
afféeurs, une premiere injuftice n'en néceffite-
roit pas une feconde.

Mais je me hâte d'ajouter que l'hypothefe
qu'on vient de voir n'eft pas une fuppofition,
que c'eft un exemple fur des milliers qu'on
pourroit citer, & que c'eft en effet une claffe
très-nombreufe dans le Royaume, que celle
des propriétaires, ou riches ou aifés, qui, bien
que taillables, n'ont befoin ni de charges, ni
de fervice militaire pour fe fouftraire aux impôts, & font plus privilégiés que la Nobleffe &
le Clergé lui-même. Ils en font quittes pour
ne rien faire valoir, c'eft-à-dire, qu'ils fe vouent
à l'inutilité la plus abfolue. Or cette claffe,
plus nombreufe dans le Royaume que toute
la Nobleffe enfemble, eft celle qui jouit du
bénéfice de la loi du 1 Février 1780, puifque
ni fa taille ni fa capitation ne peuvent être
augmentées

 augmentées, tandis que, par un renverſement incroyable des maximes de cette Monarchie, la capitation de la Nobleſſe & des privilégiés reſte ſujette à toutes les crues qu'un Miniſtre des Finances ou un Miniſtre de la Guerre voudra faire ordonner par un arrêt du Conſeil émané de ſon département.

Et qu'on ne croie pas que ce ne ſoit-là qu'une poſſibilité métaphyſique. M. Necker lui-même a ſignalé l'établiſſement de l'Adminiſtration provinciale en Berri par une *crue* d'environ trois cinquiemes, dont il a augmenté la capitation des nobles & privilégiés de cette province, où déjà un gentilhomme payoit pour ſa ſeule capitation quatre & cinq fois plus qu'un taillable, auſſi riche que lui, ne payoit pour ſa taille & ſa capitation, là encore où le privilége accordé par le feu Roi aux Juges Royaux avoit triplé & quadruplé leur impoſition. Ce que dit M. Necker n'eſt donc point exact, au moins dans pluſieurs provinces, que *l'accroiſſement du nombre des perſonnes qui jouiſſent d'exemptions dans le payement des impôts, devient un véritable pré-judice pour le reſte de la Nation,* (tom. III, p. 148.) Ou ſi ce n'eſt pas une fauſſeté, c'eſt donc que la quote roturiere du nouveau privi-légié tourne en ſurcharge pour les contribua-

G

bles dont il fe fépare, & que fa nouvelle taxe accroît au fifc ; car il y a telle ville franche où le bourgeois qui payoit 60 liv. eft taxé à 300 liv. du moment où il eft anobli.

Quels retours M. Necker dut-il faire fur fa loi du 13 Février 1780 , lorfque dans le courant de la même année un citoyen lui dit une partie des vérités qu'on vient de lire ? Mais il étoit occupé fans doute des *modifications* de la taille, que fa loi devoit *rendre plus aifées*, en donnant une *bafe fixe qui permettoit aux adminiftrations particulieres de chaque province de s'occuper fans défiance d'une nouvelle forme de répartition.*

Si ce n'étoit qu'une bafe fixe qu'il falloit, Louis XV l'avoit donnée en 1763 , en rendant invariable le premier brevet de la taille ; & M. Necker n'a pas l'honneur de l'invention. Si la *fixité* qui pouvoit bannir toute méfiance, étoit l'invariabilité de la quote de chaque province, M. Necker a donc mis le Roi dans une forte d'impuiffance d'améliorer *le patrimoine* de fa Couronne , & dès-lors dans la néceffité d'améliorer ce qui n'en eft pas le patrimoine, je veux dire les vingtiemes & furtout la capitation des nobles & privilégiés, qui feule peut être augmentée par des arrêts du Confeil émanés de ce qui n'eſt pas véritablement le Confeil.

M. Necker parle, en plus d'un endroit de la capitation ; car je veux finir cet article pour n'y plus revenir. C'eſt à la page 8 du tome I qu'il en parle pour la premiere fois, & c'eſt pour dire que la *capitation* eſt un *impôt qui porte ſur les facultés des nobles comme des roturiers.* C'eſt la premiere fois que j'ai lu que la capitation porte ſur les facultés des nobles, & c'eſt auſſi la premiere fois que j'ai vu donner le nom de *facultés* à quelque partie de la fortune des nobles. Ce mot fut toujours conſacré pour déſigner les biens, à raiſon deſquels les roturiers payoient la taille. Mais ne diſputons pas ſur les mots. M. Necker évalue à 41 millions 500 mille livres, ou à peu près, le produit de la capitation. (Tom. I , p. 163.) Il dit ailleurs que de cette ſomme, 22 millions environ peuvent être regardés comme un impôt territorial. C'eſt ſans doute la partie qu'en payent les cultivateurs. Mais je crois qu'elle excede beaucoup cette ſomme, ou bien la capitation des taillables n'eſt qu'une petite partie du ſecond brevet ; car par-tout ce ſecond brevet eſt plus fort que le premier. Mais tout cela ne dit pas pour combien la capitation des nobles entre dans la ſomme de 41

G ij

millions 500 mille livres. Enfin je lis, (tom. II ,
p. 322.) « qu'autant qu'on en peut juger par
» différens renfeignemens , le contingent de la
» Cour, de la Nobleffe du Royaume, des pro-
» priétaires de charges , des habitans de Paris
» & des autres grandes villes dont la capita-
» tion eft féparée de la taille, ne fe monte dans
» l'étendue du Clergé de France (c'eft-à-dire
» de 116 diocefes), qu'à environ 9 millions,
» déduction faite des décharges & des modé-
» rations accordées aux contribuables ». Heu-
reufement M. Necker a eu befoin de cette
donnée, pour prouver que le Clergé paye autant
que les autres fujets du Roi. Mais comme il
ne propofe nulle part d'abolir la capitation de la
Nobleffe & des propriétaires des charges utiles,
il n'a point dit à combien peu fe monte la
fomme totale de leur capitation. Je ne le fais
donc pas , mais je préfume qu'en la féparant
de celle des propriétaires de charges inutiles,
& de celle des villes franches, cet impôt, fi
aviliffant pour la Nobleffe & la Magiftrature,
ne produit pas plus de 3 millions. Et ce n'eft
pas qu'il ne foit très-onéreux ; mais c'eft que
la Nobleffe eft bien moins nombreufe qu'on ne
le croit, & que , dans cet ordre, les pauvres
font en bien plus grand nombre que ne l'a cru
M. Necker.

Revenons aux vingtiemes, pour examiner
encore quelques lois de M. Necker. Il ne parle
point ſous ce nom d'un arrêt du Conſeil, qui
attribua la répartition du vingtieme aux no-
tables de chaque paroiſſe, & dont M. Necker
n'a pas dit un mot, peut-être parce que cette
diſpoſition n'eut pas un ſuccès aſſez heureux
pour qu'il ait voulu en faire un trophée. Mais
ſes amis dans l'Adminiſtration du Berri ont
bien vengé & l'arrêt & ſon Auteur. Nous y
reviendrons. M. Necker fit continuer auſſi
long-temps qu'il le put les vérifications du
vingtieme. Il nous apprend qu'elles ne lui pro-
duiſirent jamais plus de 300 mille livres d'augmentation par an : c'eſt ſans doute pour répondre à ceux qui peuvent lui avoir reproché
l'effet de ces vérifications comme une nouvelle impoſition ; car c'eſt la gloire chérie de
M. Necker, d'avoir ſoutenu une guerre très-
coûteuſe ſans établir de nouveaux impôts.
Enfin les Cours ayant inſiſté fortement ſur
l'interruption abſolue des vérifications dont
M. Necker reconnoît en effet l'importunité,
& ayant demandé que les taux reſtaſſent comme
ils étoient, il jugea qu'on ne devoit ni continuer les vérifications malgré les Cours, ni
les ceſſer tout à fait, parce que c'eût été per-

G iij

pétuer une injuſtice, que de donner une ſtabi-
lité éternelle à l'inégalité qui exiſtoit certainement entre les paroiſſes vérifiées & celles
qui ne l'étoient pas ; & en conſéquence, il fit
ordonner, par une loi enregiſtrée, qu'on ne
vérifieroit aucun taux particulier, ſans vérifier
en même temps toute la paroiſſe, & cela afin
qu'il ne parût point de préférence, & que
les vérificateurs fuſſent éclairés par tous les
propriétaires de chaque paroiſſe auſſi ſouvent
qu'un ſeul propriétaire ſe feroit plaint de ſon
taux. Voilà du moins comment j'entends ce
qu'on lit ſur cette matiere aux pages 344
& 345 du tome 1er. Mais ici je me méfie de
mon intelligence ; car je ne vois pas comment,
en vérifiant toute une paroiſſe à la fois, on
pouvoit faire ceſſer l'inégalité produite par les
vérifications, ſi ce n'étoit dans les paroiſſes
dont la vérification avoit été commencée &
non achevée. Mais pour celle qu'il y avoit
entre les paroiſſes vérifiées en totalité, &
celles dont la vérification n'avoit pas même
été ébauchée, elle devoit ſubſiſter tout
entiere. Or c'étoit-là le cas de la très-grande
partie des paroiſſes, puiſque les vérificateurs
ayant opéré par paroiſſes, chacun d'eux n'avoit
dû laiſſer qu'une paroiſſe imparfaite.

Ainſi , en ſuppoſant un vérificateur par élection , ce ne devoit-être tout au plus qu'une paroiſſe ébauchée par chaque élection. En Berri, par exemple , il y avoit , dit-on , cent vingt-trois paroiſſes vérifiées , & environ ſept cents qui ne l'étoient pas. Si donc on laiſſoit à chaque paroiſſe la quote comme elle étoit au moment de la ceſſation des vérifications , cent vingt-trois paroiſſes reſtoient vraiſemblable-ment très-chargées , pendant que les ſept cents autres pouvoient l'être beaucoup moins. Il ne faut pas croire, au reſte , que M. Necker n'ait continué à faire vérifier que dans les paroiſſes d'où il lui venoit des plaintes. On vérifioit encore des élections entieres , lorſqu'il donna ſa démiſſion. Il eſt vrai qu'on annonçoit que ces vérifications ne devoient rien changer à la quote commune de chaque paroiſſe, qu'elles tendoient ſeulement à établir l'égalité entre les contribuables d'une même paroiſſe. Mais, en premier lieu , le réſultat d'un pareil travail n'étoit pas public , & ne ſe trouvoit que dans les nouveaux rôles , dont étoit gardien un collecteur des vingtiemes ; il pouvoit donc en réſulter des augmentations dont perſonne ne s'apperçût , excepté le collecteur ; car chaque propriétaire qui ſe trouvoit augmenté ,

pouvoit croire qu'il l'étoit à la décharge de
ses co-paroissiens. En second lieu, ce travail
pouvoit donner lieu à telle note que le con-
trôleur & le directeur des vingtiemes juge-
roient à propos de faire, & accumuler dans
un bureau telle somme de mensonges ou de
vérités dont la fermentation pût finir par une
terrible explosion. En troisieme lieu, cette
méthode de fixer les quotes de chaque paroisse
& de n'y faire que des vérifications inté-
rieures, imprimoit si fortement aux vingtiemes
la nature & les vices de la taille, qu'il étoit
impossible de ne pas voir dans le concours
des propriétaires pour éclairer les vérificateurs, la source des jalousies, des délations,
des haines, des vengeances, des injustices,
qui ont fait de la taille, comme elle se ré-
partit, l'impôt le plus *anti-moral* qui ait jamais
existé. Et ici l'inconvénient que nous remarquons étoit encore bien augmenté par le
mélange dans le même conflit des passions
du gentilhomme avec le roturier, du seigneur
avec son justiciable, du magistrat avec le
peuple ; ce qui certes faisoit de pareilles vérifications une opération *très-impolitique*.

Mais il faut croire que M. Necker n'en
jugeoit pas ainsi, puisqu'il donna une appro-

bation entiere au développement qui fut fait
de cette étrange méthode dans les délibérations de l'aſſemblée provinciale du Berri, tenue
en 1779.

Il me reſte un mot à dire d'une loi ſur les
tranſlations de domicile, dont M. Necker ne
s'eſt pas vanté, ſans doute parce qu'il ne l'a
regardée que comme une loi de forme.

C'eſt donc encore le cas d'ajouter un petit
ſupplément à ſon Ouvrage.

Lorſque la taille étoit purement perſonnelle,
parce que tous les fonds des taillables étoient
cenſés tenus à ferme des ſeigneurs, & que
les tenanciers étoient réputés en payer le
loyer, c'étoit la regle que chaque taillable payât
la taille dans le lieu de ſon domicile ; & il
étoit même défendu aux bourgeois, par cette
raiſon, de ſe domicilier dans les terres des
ſeigneurs particuliers. Il n'y avoit d'exception
que pour les défrichemens qui, les premiers,
furent appelés *rotures* dans la ſignification propre
de ce mot, & dont les défricheurs n'étoient
pas cenſés payer le loyer. Ils en payerent la
taille, qui fut réelle, plus celle de leurs facultés,
qui fut perſonnelle. Mais les cens & rentes
ayant ceſſé d'être le loyer des terres, il fut juſte
que les taillables fuſſent taxés à proportion de

leurs *biens & facultés.* A ces deux titres on ajouta
celui des *profits*, pour donner un nom à ce
qui fondoit la taille des fermiers, qu'on a depuis appelée la *taille d'exploitation*, pour la dif-
tinguer de la *taille pour les biens perfonnels*, ap-
pellée autrement la *taille de propriété perfonnelle*,
ou la *taille perfonnelle.* On ne fut pas long-temps
fans s'appercevoir que la loi du domicile donnoit lieu à des injuftices, & on s'avifa de
taxer dans les paroiffes les *abfens* qui y
avoient des biens. Mais le Gouvernement à
qui chaque paroiffe devoit fa quote, quelle que
fût fa population, ne crut pas avoir intérêt à
autorifer cette nouveauté; & la voix des propriétaires taillables, déjà très-forte, & dont
les tribunaux furent l'écho, prévalut fur celle
de quelques collecteurs; ce qui donna lieu à
la loi de l'an 1632 (fi je ne me trompe), par
laquelle il fut ftatué que nul ne payeroit la
taille que dans le lieu de fon domicile, afin
que perfonne ne fût taxé dans un lieu où il
n'auroit pu fe défendre.

Cette loi peu réfléchie donna lieu à une ju-
rifprudence fur les tranflations de domicile, qui
manqua toujours fon objet, parce qu'on ne vit
que l'intérêt des paroiffes où l'on croyoit que
le Roi ne pouvoit rien perdre, & toutes les

difficultés paroissent se réduire à empêcher que
le Roi ne perde des taillables par la transla-
tion de l'un d'eux, ou dans un pays de taille
réelle, ou dans une ville franche, ou dans une
ville tarifée ou abonnée. Enfin, on en vint à
ce point d'imaginer qu'un propriétaire qui
mettoit à sa place ou un fermier ou un mé-
tayer, se donnoit un substitut suffisant. On
parut ouvrir les yeux sur les erreurs de toute
cette jurisprudence depuis 1763 jusqu'en
1768 ; & la déclaration du 7 février de cette
derniere année, en ordonnant le partage
en deux taux de la quote de chaque fonds,
l'un payable par le fermier, & l'autre par
le propriétaire, si celui-ci étoit taillable,
parut ne laisser à désirer que la fixation de
la part de chacun, & un moyen légal de
faire payer le proprié taire absent ou *horsin.*
Louis XV suppléa ce qui manquoit à la loi sur
le premier article, par une réponse qui fut enregistrée, & qui portoit que la quote du fonds
seroit partagée également entre le propriétaire
taillable & le fermier. Aucun Ministre, dans le
dernier siecle encore, n'eût osé suggérer au Roi
une pareille réponse, qui supposoit que les
profits du fermier étoient égaux à la part du
propriétaire. Mais dans le temps où cette dé-

cifion fut donnée, tel étoit l'oubli des principes, que l'on crut faire beaucoup d'égaler la
taille perfonnelle à celle d'exploitation. La
Cour des Aides ne réclama pas cependant
contre cette décifion ; mais elle foutint le privilége du domicile, comme fi ç'eût été une
loi fondamentale de l'Etat, auffi ancienne que
la Monarchie ; tandis que ce n'étoit en partie
qu'un refte de l'ancienne fervitude, & en partie
qu'une inftitution très-moderne.

L'effet de réclamations confufes, des trou-
bles qui fuivirent, & fur-tout de l'intérêt d'une
claffe toute puiffante dans les campagnes.&
dans les petites villes, fut d'empêcher l'exécution de la déclaration dans prefque tous fes
points. Mais il faut convenir que, du moment
où on laiffoit fubfifter la loi du domicile, ce
qu'il y avoit de plus effentiel dans la loi étoit
impraticable dans prefque tous les cas, &
n'auroit fervi dans les autres qu'à chaffer des
campagnes le peu de propriétaires qui font
encore valoir leurs biens.

C'en eft affez pour apprécier la loi dans laquelle M. Necker, ou fon rédacteur, n'a été
occupé qu'à faciliter les tranflations de domicile, & à les dégager de toutes les formalités
qui rappeloient encore les anciens principes.

CHAPITRE IX.

Sur la conversion de toutes les contri-
butions de la France en un seul impôt
territorial.

CE titre est celui du vi^e. chapitre du tome
premier de M. Necker ; & ce n'est pas pour
critiquer les observations qu'il annonce, que je
me l'approprie. La plupart de ces observations
font une réfutation vigoureuse d'une doctrine
abstraite, qui a fait des sectaires, & dont le
principe fondamental étoit que tous les impôts
retombent en derniere analyse fur les propriétaires ; & qu'ainsi mieux vaudroit faire tout
payer par les propriétaires, afin d'épargner
beaucoup de faux frais. Je dois convenir que
le principe est vrai, & que la conséquence
auroit quelque justesse, si les rois pouvoient imposer les propriétaires des terres qui nous four-
nissent la feuille de tabac & le riz, ceux des
mûriers qui nourrissent pour nous des vers à
soie, ceux des terres où l'on éleve des coton-

niers, & qui fourniſſent des alimens aux
fileuſes & aux tiſſerands de l'Inde & de la
Chine, ceux des pays où naiſſent les épiceries,
ceux des bois du Nord & de l'Amérique, ceux
des contrées où croiſſent la vanille, le cacao,
le café, l'indigo & le ſucre, ceux des mines
de toute eſpece, ceux des marais ſalans, ceux
du banc de Terre-Neuve, des mers de Groën-
land & celles du Nord, où l'on pêche le
hareng, &c. &c. &c. Mais tant que le Roi
ne pourra pas impoſer tous ces propriétaires,
exiſtans ou imaginaires, comme les régnicoles
qui nous nourriſſent, nous chauffent, nous
logent, & nous habillent en partie, le principe
avancé par les Economiſtes reſtant vrai, la
conſéquence reſtera inſoutenable.

Mais j'ai deux autres raiſons à objecter à
cette partie des antagoniſtes de M. Necker. La
premiere, que l'impôt eſt une avance certaine,
& certaine comme la mort, & que la rentrée,
ſoit des fruits par les récoltes, ſoit des loyers par
l'exactitude des fermiers, eſt incertaine comme
les ſaiſons, la fortune, & la bonne foi des hommes. Ma ſeconde objection eſt tirée de l'Alcoran
de ces Meſſieurs du détail de la France par Bois-
guilbert, qui m'apprend que ce fut ſous le mi-
niſtere du cardinal Mazarin que ſe deshériterent

les trois quarts des petits propriétaires , & cela par l'excès auquel la taille fut portée , & par la rigueur des exactions. Or , ſi la taille put avoir cet effet , que ſeroit-ce de douze ou quinze vingtiemes qu'on demanderoit aux propriétaires ? M. Necker a raiſon. *L'imprévoyance* (tom. 1, pag. 171) de la plupart des hommes ſera toujours un obſtacle invincible à un certain accroiſſement de l'impôt ſur les propriétés ; & je trouve que ce gentilhomme avoit raiſon , qui propoſoit à Bourges , en exécutant la révocation non ſurannée, non révoquée, du 7 février 1768 , de faire remiſe de la moitié de la taille perſonnelle aux propriétaires qui feroient valoir eux-mêmes leurs biens. Il diſoit que les hommes ſont en petit nombre de qui on peut attendre prévoyance & proviſion. Il diſoit que l'impôt ſur les conſommations ſe confond avec le prix des denrées, le payement de cet impôt avec la jouiſſance , la proportion dans laquelle on le paye avec celle que chacun met entre ſon revenu & une partie de ſa dépenſe , les facilités pour le payer avec celles que chacun trouve pour ſe procurer le néceſſaire & le ſuperflu. On peut ajouter que toute claſſe gagnante reprend ſur les autres claſſes les impôts auxquels on l'aſſujettit , & que c'eſt même là ce qui fait la vérité du principe des Economistes ; & que s'il y a une classe de roturiers qui ne reprend point, parce qu'elle vit de son revenu, sans faire le commerce, sans exercer aucune industrie, l'existence de cette classe est un anomalie, & son étendue un malheur réel, parce que quiconque n'est pas voué à l'oisiveté par les lois, en vue du service honorable de la patrie, doit travailler ou de ses bras ou de sa tête. Cette classe doit donc être considérée comme gagnante ou comme privilégiée, parce qu'il ne tient qu'à elle de gagner, & que la porte des exemptions doit lui être ouverte par le service militaire. Ainsi, quoique cette classe parasite ne reprenne point ce qu'elle paye, il faut l'imposer comme si elle reprenoit, afin de lui donner un puissant motif de s'évertuer ou pour l'industrie ou pour le service militaire. Car ce seroit une mauvaise émulation que celle qu'on lui donneroit pour les charges inutiles, en vue des privilèges qu'on y attacheroit. Et, pour le dire en passant, cette ressource fiscale des créations des charges est peut être ce qui contribua le plus, dans les derniers siecles, à avilir les derniers ordres de notre milice ; comme l'inutilité des privilèges, qui résulte de la mauvaise ré-

partition

partition des tailles, fait tomber aujourd'hui la valeur des charges, ſans que la milice y gagne rien, parce qu'un propriétaire roturier ne trouveroit aucun bénéfice ni à acheter une charge, ni à s'enrôler.

Dans la province même, où le génie des habitans a mieux maintenu les regles, & où la taille de propriété perſonnelle eſt encore quelque choſe, un riche propriétaire s'en exempte en affermant ſon bien dans une paroiſſe, pour prendre lui-même une ferme dans une autre paroiſſe, parce qu'à ce moyen il ne paye que la taille d'exploitation dans la paroiſſe où il a transféré ſon domicile, tandis que ſon fermier ne paye de même que la taille d'exploitation ; & celle de propriété, qu'il payeroit s'il faiſoit valoir lui-même ſon bien, tombe en non valeur.

L'intérêt de la juſtice, des mœurs, de l'induſtrie, de la culture, & du ſervice public, exige donc que la claſſe des propriétaires roturiers ſoit impoſée rigoureuſement, quoiqu'elle ne reprenne pas, & qu'à cette fin on aboliſſe la loi du domicile. Mais à celà près, toutes les contributions que les contribuables reprennent doivent être préférées à celles qu'on

H

ne reprend pas, parce qu'elles ne ruinent que ceux qui veulent bien être ruinés.

Pour expliquer cette doctrine à ceux pour qui elle pourroit être nouvelle, je dirai que le marchand reprend fur les confommateurs les impôts qu'il paye fur les marchandifes, que l'artifan reprend fa contribution fur celui qui l'emploie, que le fermier a repris d'avance fur le propriétaire l'impôt qu'il a bien fu qu'il payeroit, que le journalier même reprend en accroiffement de falaires toutes les contributions directes ou indirectes auxquelles il eft fujet, & qu'elles ne font ruineufes pour lui (fi pourtant on peut ruiner celui qui n'a rien), qu'autant qu'il ne peut reprendre faute de travail, ou que le nombre de fes enfans rend fes falaires infuffifans. Mais dans ce dernier cas, il feroit également dans la détreffe quand il ne payeroit pas d'impôts, parce qu'a· lors les falaires feroient moindres & les fubfiftances plus cheres fi, en admettant le fyftême des Economiftes, on faifoit de tous les propriétaires autant de Pharaons, qui euffent une puiffance irréfiftible pour reprendre fur les confommateurs de leurs denrées *l'impôt unique* auquel on les affujettiroit.

La doctrine des Economiftes prouve donc

la ſolidité de la mienne, & la juſteſſe des conſéquences que je vas en tirer. Car ſi les propriétaires payent tout en dernier reſſort, &
doivent pouvoir tout reprendre, ils payeront
également tout en ne payant rien par leurs
mains, parce que tout ſera repris ſur eux.

Mais qu'il me ſoit permis ici d'admirer la
ſageſſe de nos ancêtres, qui donnerent toute
préférence aux impôts indirects, afin que ceux
qui les payoient, ayant la certitude de les reprendre, ne fuſſent jamais réduits au déſeſpoir,
& que les citoyens honorables ſur qui on les
reprenoit, s'en fiſſent chacun ſa part, & les
payaſſent comme une dette de particulier à
particulier, ſans être jamais avilis par les af-
fronts de l'exaction, & ſans que leur cœur fût
jamais aliéné de la patrie & du Souverain par
les rapports odieux de la contribution & de
l'exaction. Ils virent de plus qu'auſſi long temps
que le fiſc n'auroit affaire qu'avec le commerce,
l'induſtrie & les hommes dénués de propriété,
il ſeroit forcé de ſe preſcrire à lui-même des
bornes, parce que le commerce élude les impôts
exceſſifs par la contrebande, que l'induſtrie ſuit
devant l'âpreté des exactions, & que le dénuement trompe l'avidité de l'exacteur.

D'après ces conſidérations, je ne ſuivrai pas

M. Necker dans les calculs qu'il a faits pour
prouver que la fubftitution d'un impôt unique
à toutes les contributions qui fe levent en
France, eft impoffible, parce qu'il faudroit
ajouter quinze ou feize vingtiemes aux trois
vingtiemes qui fe payent actuellement; ce qui,
pour le dire en paffant, éleve à environ dix-neuf
vingtiemes des revenus fonciers du royaume
la fomme totale de nos contributions. J'obfer-
verai feulement que je ne puis adopter le calcul
par lequel il éleve à 190 millions ce qu'il dit
pouvoir être regardé comme impôt territorial,
parce que j'en retranche, 1°. la contribution
du Clergé, dont je fais abftraction, 2°. toute la
taille, 3°. toute la capitation taillable, 4°. le troifieme vingtieme, qui doit être fupprimé en 1786.

Je ne trouve donc d'impôts qui ne fe reprennent pas, que les deux premiers vingtiemes
avec les 4 fous pour livre du premier, que
M. Necker eftime à 55 millions, 2°. la capitation de la Cour, de toute la Nobleffe, &
des propriétaires de charge, que M. Necker
évalue à 9 millions pour les cent feize diocefes
du Clergé de France, en y comprenant celle
des villes privilégiées. Mais comme je compte
la capitation de ces villes entre les impôts qui
fe reprennent ou doivent être cenfés fe re-

prendre, & que d'un autre côté j'ajoute à ce
qui refte la capitation des nobles & privilégiés des diocefes qui ne font pas du Clergé
de France, je porte ici cet article pour 6 millions. Ce font donc 61 millions d'impôts qui
ne fe reprennent pas, & dont par conféquent
la nature répugne à nos maximes anciennes.
Le reftant des impofitions, la part du Clergé
non déduite, monte à 493 millions 500 mille
livres, fuivant le calcul que M. Necker oppofe
aux Economiftes. Or, je demande lequel eft le
plus facile de convertir cette fomme en impôts
de la nature des vingtiemes, ou de convertir
61 millions en impôts de la même nature que
ceux qui produifent plus de 493 millions.
M. Necker me répondra qu'il ne faut faire ni
l'un ni l'autre. Mais je le prie de méditer ce
que j'ai dit plus haut, & d'oublier cependant
qu'il naquit citoyen de Genève, & que fa fortune eft toute mobiliere.

Quant à moi je vois la poffibilité de fupprimer
16 millions d'impôts, qui ne fe reprennent point;
& fi j'étois dans la pofition de M. Necker, il me
femble que je prouverois cette poffibilité.

Et qu'on ne dife pas que je fuis un partifan
outré des priviléges; car je fais qu'on reprend
fur les privilégiés, & qu'ainfi ils n'échapperont

jamais à leur quote part des 557 millions 300 mille livres. Je veux feulement qu'ils s'en faffent leur part, & qu'ils n'aient pas un titre trop clair pour reprendre fur le Roi, comme reprennent tous ceux qui ont affez de crédit pour s'indemnifer largement, & des vingtiemes, & de la capitation qu'on exige d'eux.

Je ne difconviens pas néanmoins que ce ne foit un beau privilége que celui de n'être pas directement contribuable, & qu'il n'y ait quelque chofe à gagner à ne l'être pas. Mais j'obferve que ce privilége appartient à une claffe de citoyens, qu'il doit être un objet d'émulation pour les autres claffes, que cette émulation eft plus néceffaire encore dans une Monarchie, que ne l'eft dans les troupes celles des grades inférieurs & du nom de grenadier; & que fi la plupart de nos Ecrivains politiques ont été induits en erreur pour n'avoir fixé leur attention que fur la Nobleffe qui brille dans la Capitale & autour du Trône, il s'en faut bien que cet éclat foit celui de toute la Nobleffe du Royaume; qu'il n'y a point de feigneur de la Cour qui ne repréfente vingt ou trente familles qui ne font plus, & que les gentilshommes qui naiffent pour n'être jamais que capitaines, font en fi petit nombre, qu'il s'en fait une fi grande confommation par la pauvreté & le célibat militaire, que bientôt ce ne fera plus un ordre de la Nation là où dans le xiie. fiecle encore c'étoit le corps de la Nation. J'ajoute que ce dépériffement eft inévitable, puifque nos fortunes font abforbées par les impôts , & qu'où il n'y a plus place d'homme il doit ceffer d'y avoir un homme.

Je ne dis pas qu'il foit du reffort d'un Minifire des Finances de propofer des lois propres à empêcher l'accumulation des fortunes, qui fait ces feigneurs de Paris & de la Cour, dont l'éclat excite l'envie contre tout l'ordre, quoique plufieurs d'entre eux foient des exemples de la grandeur à laquelle peuvent afpirer les heureux du Tiers-Etat. Je ne dis pas qu'il foit bon que tout gentilhomme de race fe faffe infcrire, par la formalité d'une préfentation, dans la lifte de ceux qui peuvent prétendre à tout ; mais j'obferve que le fifc romain lui-même, ce fifc fi âpre & fi méthodique dans fa cruauté, refpecta la médiocrité du libre propriétaire (je pourrois dire du gentilhomme), qui n'avoit qu'une terre, & ne l'affujettit qu'à une taxe très-modique. Je pourrois défirer qu'un Minifire des Finances, qui fupprimeroit les vingtiemes & la capitation des nobles & privi-

légiés, laiffât un vingtieme fur toutes les terres
qu'ils poffédȩroient au delà de telle terre qu'il
leur plairoit d'habiter, & un vingtieme & demi
fur toutes celles où il n'y auroit pas un château
habitable. Je pourrois .... mais je dois m'arrêter, pour ne pas expofer à une critique pré-
maturée, des idées qui n'ont pas pour elles le
fuffrage impofant d'un ancien Adminiftrateur.

J'en ai affez dit pour faire voir qu'il peut
exifter un autre fyftème que celui de M. Necker;
que ce fyftême peut être auffi bon & plus
conforme à nos lois, plus analogue à notre
conftitution que celui de cet ancien Miniftre;
qu'à la vérité il n'a pas l'avantage de cette uniformité parfaite que n'affeȼterent pas les Romains eux-mêmes, ni le grand Cyrus, ni ạucun
Monarque d'antiquité; mais que l'uniformité
n'eft un avantage que pour les pareffeux, qui
ne croient pas que le maintien des droits d'autrui
vaille la peine que leur donnent de plus ces
exceptions & les petites variations qui en
peuvent réfulter. C'eft encore là un fujet de
reproche que j'ai çȯntrȩ M. Necker. « On mé-
» nage, dit-il (tom. III, p. 328), effentiel-
» lement les reffources de l'Etat, en veiïlant
» fur lạ jufte répartition des tributs, & en
» faifant de ce *principe* la regle conftante de

» l'Adminiſtration. Mais de grands obſtacles
» s'oppoſent *encore* en France à la perfection·
» d'un pareil plan ; ce ſont les droits ou les
» priviléges de certaines provinces, *& ceux*
» *de la Nobleſſe & du Clergé* : raiſon de plus
» pour mettre un grand intérêt à la diſtribu-
» tion équitable des impôts qui portent *indiſ-*
» *tinctement ſur tous* les habitans du Royaume,
» ou du moins ſur *différens ordres* de la ſociété.
» On peut d'ailleurs , ſans *heurter* les privi-
» léges les plus reſpectés , *compoſer* quelque-
» fois avec eux. *Ce ſont les diſtinctions d'état*
» *qui forment en France le plus ardent objet*
» *d'intérêt. On n'eſt pas fâché ſans doute qu'elles*
» *favoriſent les combinaiſons pécuniaires ; mais*
» *quand les idées de ſupériorité ſont ménagées, le*
» *ſentiment le plus actif eſt ſatisfait. Il faudroit*
» *donc chercher dans la modification des formes de*
» *l'impôt* les moyens propres à *adoucir un peu*
» les inégalités inhérentes à la conſtitution
» françoiſe. Mais la plupart des Miniſtres des
» Finances, bien loin de s'occuper d'un pareil
» ſoin, augmentent eux-mêmes ces diſparités,
» en ſe permettant trop ſouvent *des déciſions*
» *favorables* ſur les *vingtiemes & la capitation* ,
» *lorſque ces diminutions ſont ſollicitées par des*

» *perfonnes confidérables par leur état, leur naif-*
» *fance, ou leur crédit* ».

Je ne penfe pas que perfonne doute déformais de la réalité du plan de nivelement que s'étoit fait M. Necker. Mais fi on fe rappelle ce qu'il a dit en plus d'un endroit *des nombreufes prérogatives* de la Nobleffe, de l'importance dont il eft d'accorder aux Arts utiles, & fur-tout au commerce, des honneurs tels qu'il n'y ait plus lieu d'envier ceux de la Nobleffe, &c., on aura bien de la peine à fe défendre d'une penfée qui ne feroit pas honneur à M. Necker : c'eft qu'il n'a propofé en quelques endroits de capituler avec notre vanité, qu'avec le deffein de violer à la premiere occafion cette capitulation frauduleufe. Perfonne, au refte, ne vit de diftinctions d'état ; & fi on nous les laiffe, en achevant d'anéantir notre patrimoine, nous ne nous anéantirons que plutôt, & par la pauvreté qui s'accroîtra pour nous, & par la vanité qu'on nous laiffera.

Mais nous ferons remplacés dans la Monarchie fifcale de M. Necker par les capitaliftes, qui n'ont pas une vanité comme la nôtre, & dont les richeffes ne font ni *inégalité*, ni *difparité*, mais reffource, ainfi que nous le prouverons à l'article du crédit & des emprunts.

CHAPITRE X.

Des Adminiſtrations Provinciales.

J'ACCORDERAI à M. Necker que les Adminiſtrations provinciales font une bonne &
excellente inſtitution, qui ne diminue en rien
de l'autorité du Roi, parce que s'il doit toujours être obéi, il ne peut ni ne doit tout
commander, & qu'il n'en eſt pas de l'adminiſtration politique comme de la diſcipline
militaire, qui n'admet pas de délibération ſur
la maniere d'exécuter. Je conviens donc avec
M. Necker, & avec reconnoiſſance du ſervice
qu'il nous a rendu, que l'idée des Adminiftrations provinciales eſt une grande & belle
idée (quoiqu'elle ait été un peu rapetiſſée
dans ſes premiers développemens); que c'eſt
un moyen de faire renaître quelque patrio-
tiſme, mais très-peu quant à préſent : d'attacher les grands propriétaires au ſéjour des
provinces; qu'il faut abandonner à ces Adminiſtrations tous les détails qui peuvent être

bien faits par elles , parce qu'un corps qui n'a pas de fonctions habituelles cessera bientôt d'être un corps , & ne se trouvera être être qu'une ombre ou un squelette lorsqu'on aura besoin de lui ; que ni les Cours souveraines , ni les Intendans ne doivent *désormais* prendre ombrage de ces Administrations, qui anoblissent les fonctions des premiers , & ne font tort qu'à leurs secrétaires & à leurs subdélégués , & à qui il faut espérer qu'on ne demandera rien qui soit contraire à l'esprit des lois enregistrées, à quoi d'ailleurs ces Cours pourront veiller dès qu'on continuera de faire imprimer les procès verbaux sans mutilation ni falsification. Nous ajouterons que si jamais ces établissemens peuvent devenir communs à tous les pays d'Election, il sera convenable de supprimer les Elections & d'ériger les commissions intermédiaires, & un bureau de l'assemblée générale, pendant sa tenue, en Cour d'équité, pour statuer arbitralement sur les contestations pour fait de taille, & en autorisant une sorte d'appel de la commission intermédiaire au bureau, & un véritable appel du bureau à la Cour des Aides, mais avec la formalité, trop peu connue en

France, de la dénonciation de l'appel au juge dont eſt appel, afin que celui-ci envoie au juge d'appel l'expoſé du fait & les motifs du jugement.

Nous ne ſaurions non plus trop inſiſter ſur l'importance dont il eſt qu'aucune adminiſ-tration ne puiſſe ni s'écarter des lois enre-giſtrées, ni s'en arroger l'interprétation, puiſ-qu'autrement la foibleſſe ou la mal-adreſſe d'un ordre pourroit nuire à l'état & condition de ceux qui le compoſent dans une province, pendant que la vigueur & l'habileté du même ordre, dans une autre province, y donneroit lieu à des changemens en ſens contraire, d'où réſulteroit une altération de la conſtitu-tion de l'Etat. Dans d'autre cas, la diverſité des délibérations pourroit mettre entre les provinces, en fait de régime, des diffé-rences auſſi grandes que celles qu'on remarque entre leurs coutumes, d'où réſulteroit la né-ceſſité d'une ſcience nouvelle, dont il eſt bon qu'on puiſſe ſe paſſer.

Un des grands biens cependant que peut opérer l'établiſſement des Adminiſtrations pro-vinciales, eſt d'éclairer le Légiſlateur. Dans une Monarchie comme la nôtre, tout ce qu'on peut déſire eſt que le Roi ſache la vérité.

Quand un Intendant de province demanda au Roi des Rois, *Si donc il étoit Roi*, il répondit : *Je suis né pour l'être, & je suis venu au monde pour rendre témoignage à la vérité.* C'est-à-dire, que quiconque veut être Roi, doit savoir la vérité & régner par la vérité. Etre dans l'erreur & commander , mentir en faisant des lois , c'est s'appuyer sur le néant, & prendre des chimeres pour guides. Le grand point est donc qu'un Roi sache la vérité ; & si les Administrations provinciales peuvent procurer cet avantage à notre Roi , ce sera pour lui & pour nous un bien inappréciable. Mais leur constitution & leurs formes ne me paroissent pas propres à nous faire atteindre ce but. Je ne parle point de la maniere dont elles se composent & se régénerent : M. Necker la justifie par de bonnes raisons, pourvu qu'on continue à suivre la méthode proposée en 1778 & adoptée en 1783 , & qui consiste en ce que chaque ordre qui a des députés à remplacer , choisit, pour chaque place , trois candidats , entre lesquels l'assemblée générale fait ensuite son choix par la voix du scrutin. Je ne critique pas non plus le renouvellement d'un tiers des députés tous les deux ans ; mais comme les hommes sont bien rares dans tous

les corps qui peuvent les animer & les faire
valoir, je penfe qu'il faudroit qu'un député
fortant pût être réélu par une majorité des
deux tiers ou des trois quarts des voix.

Je trouve que la formation des bureaux
par la feule autorité du Préfident, eft fujette
à de grands inconvéniens, & qu'il vaudroit
mieux que le fort donnât trois affiftans à ce
chef pour une opération auffi importante.

Ce qui me paroît vraiment blâmable eft
d'avoir fait deux claffes du Tiers-Etat, claffes
qui fe confondent perpétuellement, parce que
la plupart des fujets font, *ad libitum*, ou propriétaires des villes, ou propriétaires de campagne. Ce qui me déplait, c'eft qu'on n'ait
déterminé aucune qualification pour les députés de ces deux claffes, ce qui a dû être,
puifque lorfqu'il en fut queftion, on dit que
le propriétaire d'une chaumiere ou d'une cheneviere feroit fuffifamment qualifié pour être
député. Ce qui me paroît encore infoutenable,
eft d'avoir négligé toute efpece de forme, au
moyen de laquelle on auroit procuré à la
minorité l'avantage de faire entendre fa voix
jufqu'à Paris & à Verfailles. M. Necker adopta
un moment des formes qu'on lui propofa
pour remplir cette condition importante;

condition qui· feule pouvoit affurer au Roi l'avantage ineftimable de favoir la vérité. Mais un autre vent qui fouffla, emporta & fa réfolution & fa promeffe. C'étoit fi peu l'avis du parti dominant, qu'on ne permit à perfonne d'entendre un article du réglement, qui portoit que dans tous les cas les avis fe *réduiroient à deux*. La féance des nobles, fuivant leur âge, fans qu'on leur permît d'adopter un autre ordre, ni de choifir un premier opinant, fut encore l'ouvrage du même parti.

J'acquiefce à la plupart des raifons alléguées par M. Necker pour juftifier l'admiffion du Clergé dans les Adminiftrations provinciales ; mais je fuis fâché de trouver dans fon Livre (tom. II, p. 293), que, pour parvenir à la premiere formation, le Roi nomma feize propriétaires dont trois étoient pris dans le Clergé, cinq dans l'ordre de la Nobleffe, & huit parmi les habitans des villes & des campagnes. Il fut nommé pour le Berri autant de députés eccléfiaftiques que de députés nobles, c'eft-à dire, quatre de chacun de ces deux ordres. Cette inexactitude eft peu importante ; mais elle peut être fufpecte. La prédominance du Clergé dans les premieres tenues étoit bien propre à dégoûter les gentilshommes,

qui

qui fembloient n'être venus là que pour y
être les buraliftes de quatre ou cinq *Mon-*
fignori, & à qui, par cette raifon, les *occafions*
manquerent de faire connoître ce qu'ils avoient
d'efprit & d'inftruction. Si cependant il importe
à l'Etat que les hommes de talent aient occafion de s'exercer & de fe faire connoître,
ce qui peut être un des grands avantages des
Adminiftrations provinciales , c'eft fur-tout
ceux d'entre la Nobleffe qu'il peut être utile
de connoître. Mais un Préfident eccléfiaftique
veut faire valoir ceux de fon ordre, à qui il
eft tout autrement utile d'être connus avan-
tageufement, parce qu'il y a bien plus de
récompenfes pour cet ordre que pour la Nobleffe,
& que ces récompenfes, dit-on, ne coûtent rien
au Roi. Ce fut un trait de cette égalité républicaine, qui étoit alors à la mode en France
comme dans la République américaine, que
la propofition d'une rétribution égale pour
tous les députés, fans diftinction d'ordre,
pour le Duc , le Marquis, le Comte, l'Ar-
chevêque, comme pour le propriétaire d'une
cheneviere. La pluralité s'étoit déjà déclarée
pour la rétribution de cent écus ; quand un
gentilhomme entreprit de ramener toute l'affemblée, & y réuffit : ce fut en 1779. En

I

1780, ce gentilhomme étant abfent, la délibération paffa ; mais, faute de fonds, on s'avilit en pure perte. En 1783, le défintéreffement le plus noble n'eut befoin pour prévaloir par les fuffrages, fur-tout du Tiers-Etat, que d'être réveillé par l'Orateur de 1779. On doit dire ici ce que les plus clair-voyans du Tiers-Etat comprirent très-bien, que c'eft leur ordre qui eft le plus intéreffé à empêcher qu'on ne defraye fes députés, puifque dèslors plus un homme de cet ordre feroit pauvre & mal-honnête, plus il auroit d'ardeur & emploieroit de moyens pour parvenir à la députation. Mais la gratification étoit recommandée par M. Necker. Nous en trouvons la raifon dans fon Introduction. Et d'ailleurs, *contre fon propre exemple*, il n'imaginoit pas que l'on pût fervir la patrie au détriment de fes affaires. Mais c'eft-là ce que la Nobleffe Françoife a imaginé plus d'une fois, fur-tout quand on lui a montré la patrie fous le nom du Roi.

C'en eft affez fur cette matiere, foit que nous ayonsdû fournir un fupplément ou donner une critique. Le deffein de blâmer ne nous a point fait entreprendre cet ouvrage; & c'eft rendre fervice au Roi & à la Nation, que de

montrer ce qu'il y a pu avoir de défectueux dans
un établissement utile, & qui, traité par un Législateur vraiment profond, pourra l'être encore
bien davantage. Mais nous répéterons ici, pour
accomplir toute justice, qu'il ne manquoit à
cet homme estimable que d'être plus éclairé,
& que, jusque dans ses fautes, il est digne de
l'estime publique, lorsqu'il s'est exposé à tant de
contradictions, qu'il a vaincu tant de difficultés, qu'il s'est suscité tant d'ennemis, pour
exécuter une entreprise qui ne pouvoit avoir
pour but que l'avantage du Roi & le bien de
la Nation, comme il le concevoit.

CHAPITRE XI.

Du Clergé.

M. Necker dit trois chofes au fujet du Clergé de France : la premiere, qu'il n'a qu'environ 130 millions de revenu, en comprenant fous ce nom le Clergé des pays conquis ; la feconde, que cet ordre paye autant que la Nobleffe ; & la troifieme, qu'un feul homme ne fuffit pas pour tenir la feuille des bénéfices.

Les calculs de M. Necker pour prouver la premiere propofition, qu'il ne met en avant qu'afin de rendre la feconde vraifemblable, ne paroîtront décififs qu'à bien peu de perfonnes; & il s'en trouvera qui foutiendront que le Clergé poffede un tiers du Royaume, fur-tout fi on joint à fes biens ceux des hôpitaux, dont il s'attribue par-tout l'adminiftration, ceux des fabriques, que M. Necker a oubliés, & le cafuel des Curés, dont il ne parle pas. Je fais bien que le Clergé a prefque autant perdu que la Nobleffe par l'altération des monnoies, qui a réduit fes cens à très-peu de chofe, & que la loi d'amortissement gêne depuis long-temps ses acquisitions. Mais je sais aussi que ce qui est ecclésiastique reste ecclésiastique, que la Noblesse perd tous les biens qui sont acquis par des roturiers, qu'elle a perdu presque tous ceux qui ont été donnés à l'Eglise & qu'on lui donne encore tous les jours sous différens prétextes. D'ailleurs, outre la superficie que possede le Clergé, je compte ses droits seigneuriaux, ses dixmes, & les rentes que lui font les terres nobles & les fonds roturiers, comme une partie importante de sa propriété. Si donc (tom. II p. 319) les deux vingtiemes, avec les 4 sous pour livre du premier, ne font qu'un treizieme des revenus fonciers du Royaume, & supposent un revenu foncier, dans les mains de tous les séculiers, de 715 millions, je pense qu'on peut porter à 200 millions le revenu du Clergé de toute la France. Ce n'est point dans la vue de prouver que le Clergé ne paye pas autant que la Noblesse, que je fais cette re- marque : je n'envie à aucun ordre ses droits & ses priviléges ; mais je pense que, sous d'autres rapports, il peut être important de ne pas se tromper sur la somme des biens ecclésiastiques ; & comme on nous annonce presque tous les ans des suppressions d'ordres réguliers, & que

du moment où l'on fupprime un ordre ou
une maifon religieufe, on abroge cette loi
qu'on appelle *l'intention des fondateurs*, je penfe
qu'après l'abrogation de cette loi il ne refte
qu'un bien *vacant*, dont le difpenfateur de la
chofe publique peut faire tel ufage qui fera jugé
le plus avantageux à la Nation. Or, pour fe dé-
terminer fur un pareil ufage, il eft à propos
de favoir fi le miniftere *de la parole & de
l'Autel*, à qui naturellement eft due la préférence fur ces fortes de biens, eft fuffifamment
falarié, ou s'il ne l'eft pas.

Je ne faurois m'empêcher à cette occafion
de relever ce qu'a dit M. Necker (tom. III,
pag. 179), que ce fut *pour ménager les droits
de la propriété*, que le Roi fe borna à autorifer
la vente des biens des hôpitaux, & ne voulut pas
adopter des voies coercitives (ou plutôt *coac-
tives*), quoiqu'il fût queftion d'augmenter les revenus des hôpitaux & d'en fimplifier l'adminiftration : car je fuis bien embarraffé à deviner à qui
appartient la *propriété* des biens d'un hôpital, fi
ce n'eft pas au feigneur qui l'a fondé, à la
ville pour laquelle il a été fondé, ou à la Nation qui y a droit. Mais comme il n'importe
à tous ces propriétaires que de confer ver leurs
droits à l'effet pour lequel ils leur ont été
concédés, par quelque moyen qu'il s'opere,

cette espece de propriété n'étoit pas une raison suffisante pour manquer une opération essentielle , & autoriser simplement à vendre, lorsqu'il falloit *autorifer à acheter.* Car il étoit clair que les administrateurs des hôpitaux ne vendroient jamais, pas même leurs plus mauvais fonds, comme font les maisons que l'hôpital de la Madeleine possede dans cette ville. Quand on voit les administrateurs de cet hôpital alléguer le défaut de moyens , pour ne pas garnir de lits plusieurs salles qui sont vuides , pendant qu'on entasse deux ou trois malades dans un lit, & bâtir cependant une église qui coûte un argent énorme, on conçoit que l'opération de M. Necker n'étoit pas la meilleure dont on pût faire usage.

Mais *pour ne point exciter la défiance*, ou plutôt pour inspirer une juste confiance, non pas aux administrateurs, à qui il ne servoit de rien d'en inspirer, mais au public, qu'il ne faut pas détromper de la justice & de l'esprit de propriété, j'aurois cherché à établir cette confiance sur des bases solides, en créant, par exemple , une Chambre des Economats composée d'une députation du Clergé, des Cours souveraines, & du Conseil ; Chambre à laquelle auroient été remis les états des aliénations

I iv

& des fommes en provenantes, les effets royaux rembourfés avec ces fommes, un double des contrats de conftitution pour remplacement des fonds ; chambre à laquelle j'aurois donné le droit de remontrance, & dans la caiffe de laquelle auroient été verfés les fonds pour le payement des rentes, foit en argent, foit en bonnes refcriptions. Cette Chambre des Economats auroit fait paffer ces fonds à la Chambre eccléfiaftique de chaque diocefe, qui les auroit diftribués aux hôpitaux du diocefe. Cet établiffement une fois fait & confolidé, j'aurois examiné s'il ne feroit pas à propos de faire une opération femblable pour les biens des Fabriques, autres que les chaifes & les bancs des Eglifes.....

Je ne faurois m'empêcher d'admirer avec quelle adreffe M. Necker rapproche la feuille des bénéfices de l'Adminiftration des Finances (tom. ii, p. 337); mais, en critique fevere, je dois obferver une contradiction palpable entre ce qu'il dit de l'importance dont il eft que les prélats mangent leur revenu dans les provinces où ils ont leurs bénéfices, & quelques confidérations qu'il expofe dans le chapitre 21 du tom. iii : car, fuivant ces confidérations, ce doit être un grand bien au contraire que tous les gros bénéficiers mangent leur revenu dans la Capitale. Mais quand M. Necker est Directeur des Finances, il n'est pas toujours Légiflateur; & quand il veut être Légiflateur, il oublie quelquefois (mais rarement, il faut en convenir) qu'il est Directeur des Finances.

CHAPITRE XII.

Du Luxe , des Dépôts de mendicité , des Hôpitaux , des Ateliers de charité.

JE rapproche dans le titre de ce chapitre, le luxe & la mifere , parce que les confidérations générales fur l'un & fur l'autre fe tiennent de fi près, qu'il eft impoffible de les féparer, fi l'on veut traiter à fond les différentes queftions auxquelles le luxe peut donner lieu.

M. Necker n'eût pas traité le luxe avec tant d'indulgence, s'il eût ainfi rapproché les extrêmes, qui en effet fe touchent dans tous les points ; & s'il eût eu plus de temps pour méditer, il n'auroit point imaginé ces caufes de l'inégalité des richeffes , que nous avons déjà relevées , & n'auroit point dérivé de la charrue d'Ofiris, le luxe que nous voyons dans Paris. J'aimerois autant dire que le défordre qui y regne , fous le nom de galanterie, nous vient de Pâris & d'Helene. Chaque fiecle eut fon luxe , & rien ne fe reffemble moins que celui qu'on reprocha à la Nation fous la feconde race de nos Rois , & celui que nous voyons. C'étoit alors le luxe des chevaux & des armes, c'étoit celui de l'orfévrerie qu'on portoit fur foi, c'étoit celui des habits, c'étoit fur-tout celui des hommes ; car l'inégalité des fortunes étoit très-grande , & l'homme très-riche tiroit vanité d'un vaffelage nombreux , bien monté & bien armé, & fur-tout bien noble.

Le luxe d'aujourd'hui eft un luxe bourgeois, dont les femmes font les Légiflatrices, & qui n'a pu exifter que du moment où les hommes, & les femmes fur-tout, s'étant raffemblés dans les villes , fe font donné journellement le plaifir de voir, & fur-tout d'être vus.

Pour montrer toute l'inexactitude des idées de M. Necker fur les caufes des progrès du luxe, il fuffit d'obferver qu'il ne compte entre celles de l'inégalité des fortunes,que l'invention des inftrumens d'Agriculture & des machines qui ont fimplifié les opérations des arts ; à quoi il ajoute enfuite la durée de certaines chofes de luxe, qui fe confervent d'une génération à l'autre ; en forte que, par un malheur fingulier, il n'a rien dit fur cette matiere qui ne foit une méprife. Pour le faire connoître , nous n'avons befoin que de définir le luxe *tout ce qui hauffe le taux de l'aifance*, ou *tout ce qu'il* s'en faut qu'un ménage ne suffise à tous ses besoins.

Cette derniere définition nous reporte aux temps les plus reculés, où chaque ménage se suffisant à lui-même, il y avoit autant de citoyens que de peres de familles, & où les Républiques étoient resserrées chacune dans un très-petit territoire. La premiere définition convient mieux à tous les temps & à tous les peuples, & peut être expliquée par la derniere, qui n'en differe que par la différence des hypotheses. Chaque siecle & chaque pays a *son taux d'aisance*. Le moindre taux est celui qui suffit rigoureusement à un homme pour l'affranchir du besoin de gagner, & lui laisser la libre disposition de son temps & de ses facultés. Un homme qui a cette aisance est susceptible de toutes les vertus sociales & politiques, & est vraiment un citoyen. L'existence d'hommes de cette espece est le chef-d'œuvre des lois politiques ; & ces lois sont bonnes ou mauvaises, suivant qu'elles sont plus ou moins favorables à leur multiplication.

Supposons maintenant un taux d'aisance tel, qu'un homme cultivant la terre & un autre homme en façonnant les productions, suffisent pour en exempter un troisieme, que nous nommerons leur maître ; & du travail & des

befoins , le taux d'aifance dont cet homme
jouira , pourra être appelé le taux de deux
hommes. Si les befoins du maître augmentent & qu'il faille cinq cultivateurs & cinq
artifans pour fuffire à fes befoins, ce fera le
taux de dix hommes , & ainfi de fuite. Mais
fuppofons que, les befoins reftant les mêmes,
on invente des inftrumens d'Agriculture qui
rendent la culture plus expéditive, & des machines qui facilitent les fabrications , de maniere que le maître n'ait plus befoin que de
fix hommes au lieu de dix , fon taux d'aifance
deviendra celui de fix hommes, c'eft-à-dire ,
qu'il n'y aura plus que fix pauvres contre un
aifé ; car il faut nommer pauvres tous ceux
qui travaillent pour autrui , puifqu'il n'y a
que la pauvreté abfolue ou relative qui puiffe
porter un homme à travailler de fes bras pour
un autre homme. Ainfi, plus le taux de l'aifance fera haut , foit par la multiplication des
befoins, foit par les contributions au moyen
defquels le fifc fe met de part ou avec le propriétaire ou avec le fabricant , foit par l'ufage
des chofes qui viennent de loin , foit par la
recherche qui exige beaucoup de main-d'œuvre,
plus il y aura de pauvres contre un nombre
toujours moins grand d'aifés.

Mais fi ce qu'on ne fe procure qu'à grands frais eft en même temps très-fragile ou d'un ufage très-court, le luxe s'accroît de tout ce que cette circonftance fait employer de bras de plus ; en forte que c'eft exactement une contre-vérité que ce que dit M. Necker (tom. III, p. 99), « qu'un obftacle à l'ac-
» croiffement exceffif des progrès du luxe,
» c'eft l'inconftance des goûts & l'empire de
» la mode ». Il en donne pour raifon, « qu'il
» y auroit un bien plus grand nombre d'ou-
» vriers occupés à multiplier les objets de
» magnificence, fi une partie confidérable des
» hommes ftipendiés par les riches n'étoit pas
» fans ceffe employée à changer aujourd'hui
» ce qu'on a fait hier ». Il a voulu dire qu'il y auroit un bien moindre nombre d'hom-mes, &c., fi une partie confidérable, &c. En faifant cette correction, que le fens exige, je dis la même chofe, & je n'en *cenfure* pas moins cet *efprit de légereté*, & je ne crois pas être *moins homme d'état* pour avoir cette févérité, qui chez moi eft très-*réfléchie*.

Pour démêler les raifons de la contradiction très-formelle qu'il y a entre M. Necker & moi, il ne faut pas remonter à l'invention de la charrue : il faut regarder les richeffes comme ſe partageant ſans ceſſe, non ſeulement entre les propriétaires fonciers, dont *le lot fortuné* eſt le ſeul qu'envie M. Necker, mais auſſi entre les banquiers & les financiers, les né-gocians & les entrepreneurs de manufac-tures, &c. Il eſt vrai que dans ma théorie générale je compte tous ces gens-là entre les pauvres; mais ils ne ſont pauvres que d'eſprit, c'eſt-à-dire, que, parce que ne ſe croyant jamais aſſez riches, ils travaillent toujours pour nous & les uns pour les autres, comme s'ils étoient pauvres. Or, admettant ce partage continuel des richeſſes, je dis que chacun cherche à ſe faire ſa part à proportion de ſes beſoins, & que les beſoins étant très-grands ou le taux de l'aiſance très haut, chacun ſe fait ſa part très-forte. Il y a tel homme à qui il ne faut pas moins de cent mille pauvres; à tel autre il n'en faudra que dix mille.

Le gentilhomme n'a que trois moyens pour atteindre à ſon taux : le mariage égal, la méſal-liance, & les graces du Roi. S'il ne réuſſit d'au-cune de ces manieres, il ne ſe mariera pas, ou s'il a été marié par ſes parens, il fera en ſorte que ſa poſtérité arrive au taux qu'il croit lui convenir, ou périſſe. Les ſubſtitutions ont dû être reſtreintes dans leur durée, les coutumes éludées, les biens dénaturés, pour faciliter ces accumulations de richesses que le luxe rend nécessaires. Le Tiers-Etat a eu un lot plus fortuné, puisqu'en fournissant des agens en chef de ce commerce qui embrasse les quatre parties du monde, de cette industrie qui façonne tout, de ce change auquel donne lieu le déplacement continuel des denrées, & en s'emparant de plus de tous les détails d'une finance assortie à ce nouvel état des choses, il s'est approprié presque toutes les richesses mobilières, & s'en est servi pour acquérir une grande partie des fonds du Royaume. Mais à cette hauteur, les heureux du Tiers-Etat ont donné & reçu l'exemple d'un luxe qui a haussé pour eux le taux de l'aisance au pair, pour le moins, de celui que s'est fait la Noblesse; en sorte que, dans les deux ordres, ce taux a été de plusieurs milliers de pauvres contre un riche. Mais n'est il pas clair qu'avec moins de luxe il y auroit plus de riches, parce qu'on le feroit à moindres frais; & que s'il y avoit plus de riches il y auroit moins de pauvres?

La découverte du Nouveau Monde a sans doute contribué à l'accroissement du luxe, & cela en plusieurs manieres. 1°. Elle a augmenté

nos

son besoin, en nous procurant de nouveaux objets de convoitise, comme le sucre, qui a remplacé le miel, au grand détriment de nos cultivateurs, le cacao & la vanille, le café, la cochenille, l'indigo, &c. 2°. En donnant lieu à un commerce nouveau, elle a multiplié les moyens de s'enrichir, d'où a résulté une plus grande inégalité des richesses. 3°. Elle a donné lieu à un très-grand accroissement du numéraire, &, par cet accroissement, au commerce de l'argent, qui est devenu productif de lui-même; d'où ont résulté les fortunes des capitalistes, tant rentiers qu'agioteurs : & comme cette industrie ne s'exerce bien que dans la Capitale, toute fortune qu'elle a produite a été vouée au luxe. Dès-lors ce qui étoit autrefois richesse est devenu médiocrité, ce qui étoit médiocrité est devenu pauvreté, ce qui étoit pauvreté est devenu misère.

Et qu'on ne pense pas que ce fléau a borné ses ravages à la Capitale : le taux de l'aisance a haussé dans les provinces comme à Paris ; & tel dont l'aïeul vivoit honnêtement avec le produit d'une métairie qu'il faisoit valoir, ne se trouve pas riche avec le revenu de dix métairies mal exploitées par dix malheureux, dont plusieurs sont métayers où leurs pères

K

furent propriétaires. Que font devenus les descendans des autres propriétaires que ce même homme remplace ? Ou il n'en exiſte point, ou ils languiſſent dans une pauvreté abſolue.

C'eſt encore une erreur ou une demi-vérité, que M. Necker oppoſe à ce qu'il appelle confuſion d'idées. Cette prétendue confuſion conſiſte à faire honneur au luxe de l'origine des Arts. C'eſt plutôt, dit-il, à l'avancement de la ſcience dans tous les genres qu'il faut imputer l'accroiſſement du luxe. J'épargne à mes Lecteurs la preuve de cette aſſertion, qui nous renvoie au temps où vécut Mercure Triſmégiſte. C'eſt où il y a beaucoup d'hommes riches & oiſifs, que les Arts ſe perfectionnent pour les amuſer. C'eſt où il y a des hommes riches & voluptueux, que l'artiſan & l'artiſte s'évertuent pour leur procurer des jouiſſances & des commodités nouvelles, dans l'eſpérance d'en être bien récompenſés. Où toutes les fortunes ſont bornées, l'artiſte invente peu, l'artiſan perfectionne peu, parce qu'on feroit peu de cas de ſes chef-d'œuvres, & qu'on ne les lui payeroit pas.

Je ſuis peut-être trop long : mais je dois encore une réflexion à mes Lecteurs. Tous

les hommes ou riches ou aifés, &, dans un
fens, les pauvres eux-mêmes, font économes
& difpenfateurs, & ne font rien de plus, le
banquier comme le négociant, & le marchand
comme le propriétaire. Chacun a fon économie
pour avoir un revenu, & chacun a la dif-
difpenfation de ce revenu. Le marchand ou
le banquier a fes fonds qu'il fait valoir. S'il
économife mal, fon revenu fera moindre qu'il
ne devroit être ; s'il dépenfe mal, il nuit aux
autres & à lui-même. Je ne parlerai ici que
d'un vice de difpenfation ; c'eft celui d'un
marchand ou d'un banquier qui, dans la profpérité, dépenfe tous fes profits. Le malheur
viendra ; & pour n'avoir rien épargné, il
fera banqueroute. M. Necker demandoit un
jour comment les banqueroutes devenoient
fi fréquentes : C'eft, lui répondit-on, qu'on
veut jouir & s'enrichir à la fois. Voilà la con-
damnation du luxe, dans une claffe à laquelle M. Necker ne le reproche pas.

Les propriétaires fonciers font bons ou
mauvais économes, felon qu'ils font valoir
leurs biens : mais ils font mauvais difpenfateurs,
s'ils dépenfent tout leur revenu fans en rien
mettre à l'entretien de leur propriété, fans en
rien rendre à ceux qui confomment leurs den-

rées les moins tranſportables. Ils ne gardent
pourtant rien pour eux , & d'autant moins ,
que ces modes ſont plus changeantes. Ils donnent tout aux pauvres répandus ſur le globe ,
depuis Mexico juſqu'à Peckin , & depuis le
pays des Zebres juſqu'à celui des Hermines.
Mais il y a des pauvres qu'ils oublient, ceux
qui foſſoyent , eſſartent, font des torchis &
couvrent en chaume. Leurs terres cependant
dépériſſent , & avec elles le territoire de la
Nation. Le luxe a occaſionné & preſque né-
ceſſité ce vice de diſpenſation. Eſt-ce là ſon
apologie ?

M. Necker (tome III, page 104 & 105)
n'eſt pas éloigné de ſe rencontrer avec un
Economiſte , qui, dans ſa Théorie du Luxe ,
vouloit que le Prince & ſa Cour, & les ſerviteurs du Prince fuſſent ſeuls modeſtes & auſ-
teres ., & que par-tout ailleurs le luxe fût
utile , & très-utile.

M. Necker ne veut pas ſeulement que le
Gouvernement n'accroiſſe pas l'inégalité des
parts *par un prelevement d'argent fait ſur la
généralité du Royaume, au profit d'un petit nombre
de perſonnes déjà favoriſées par leur ſituation ,*
quoiqu'il trouve très-bon que le Gouvernement faſſe de très-grandes dépenſes pour fa-

ciliter & multiplier les opérations des agens
de notre luxe qui nous fervent à Marfeille,
à Bordeaux, à Nantes, à Rouen, à Ly**,
à Paris, & de très-grandes encore pour faciliter toutes les communications de l'intérieur, afin que chacun ayant la commodité
de ne pas vivre chez foi, il n'y ait pas un
homme aifé dont les fubfiftances ne paffent
par les mains d'autres agens nés & à naître,
& qui jamais ne devront fe laffer de s'enrichir. Non feulement, dis-je, M. Necker veut
que le fervice du Roi & de l'Etat foit le feul
qui n'enrichiffe pas fes agens, il veut encore que le Roi prenne une bonne part au
revenu de ces propriétaires, qui feuls font
riches (d'une richeffe contribuable) du revenu de ces richards dont les riches enfans
font élevés aux Ecoles militaires, pour diminuer l'inégalité des fortunes ou les inconvéniens de cette inégalité, en améliorant les
hôpitaux, les prifons, les dépôts de mendicité, & les ateliers de charité, qu'il faut augmenter & diriger de manière que les pauvres
aient du travail en tout temps, & qu'en travaillant modérément, ils gagnent plus qu'avec
ces tyrans propriétaires, & forcent ceux-ci
à hauffer leurs falaires.

K iij

Il me femble que M. Necker fait bien ce qu'il veut quand il propofe à la fois de néceffiter la hauffe des falaires , & d'améliorer les prifons, les dépôts de mendicité, & les hôpitaux , c'eft-à-dire qu'il prévoit , 1°. que le haut prix des falaires fera caufe que chaque propriétaire emploiera moins d'ouvriers. Car il eft , avec fes befoins qu'augmente le luxe, entre le Fifc qui lui demandera toujours davantage, & le journalier qui le rançonne, & travaille d'autant moins qu'il gagne plus ; 2°. que le journalier & l'artifan, mieux payés, mangeront mieux & boiront davantage , & qu'ainfi leur dénuement fera le même & leurs befoins plus grands, quand l'ouvrage languira , quand les enfans viendront en trop grand nombre , ou quand viendront les maladies ou la vieilleffe ; 3°. que dès-lors les hôpitaux deviendront toujours plus néceffaires, & devront toujours être plus riches ; 4°. que les mendians feront auffi en plus grand nombre, faute de travail, ou parce qu'on ne payera pas leur travail affez cher pour vivre comme vivront leurs pareils ; 5°. que la mendicité ne rendant pas de quoi vivre de cette maniere , beaucoup de mendians fe dégoûteront de ce métier , & prendront celui d'exacteurs armés ; ce qui

remplira les priſons de gens accoutumés à
bien vivre.

J'écris ceci dans une campagne voiſine de
deux groſſes manufactures dont preſque tous
les habitans ſont tiſſerands, & gagnent les
uns 40 à 50 ſous par jour, d'autres 30 à
35 ſous, mais où, juſqu'aux femmes & aux
enfans au-deſſus de dix ans, tout travaille &
gagne. Chaque ménage a ſon pot-au-feu tous
les jours, & dépenſe journellement tout ce
qu'il gagne. Si l'ouvrage languit, où que le
bled renchériſſe, la miſere eſt affreuſe. Les
journaliers ſont chers à proportion ; on les
paye 20 à 25 ſous. Les valets chers à proportion, & veulent encore mieux vivre que
les tiſſerands. Auſſi un arpent d'une terre excellente ne ſe loue-t-il, en corps de ferme, que
20 à 25 livres, tandis qu'un arpent de la
même terre, ſi on le donne ſéparément à un
tiſſerand qui le fait labourer par un fermier,
ſe loue de 75 à 100 livres.

Voilà mon apologue, qui n'eſt pas une fable.
Je laiſſe à mes lecteurs à en tirer les conſéquences. Je remarquerai ſeulement en faveur
de ceux qui n'entendent pas ces matieres,
que le fermier qui a ſon atelier tout monté, la-
boure à bon marché pour le tiſſerand, qui

fait enfuite lui-même fa moiffon, & que ce
même fermier qui ne donne que 20 à 25 liv.
de l'arpent au propriétaire, qui lui fournit encore les bâtimens, donnera fouvent 75 à
100 francs de l'arpent de terre qu'un autre particulier lui louera, parce que pour le cultiver
il ne lui faudra pas un valet de plus L'atelier dont le propriétaire paye la dépenfe, lui
coûte donc les trois quarts des fruits de fa
terre, non compris le profit du fermier, &
cela dans un pays où la condition du petit
peuple eft telle, que M. Necker voudroit la
faire par-tout au moyen des ateliérs de charité, & peut-être en faifant des dépôts de
mendicité des retraites commodes & agréables, & des hôpitaux des afiles très-préfé-
rables à celui que trouve dans fa maifon
l'homme du peuple qui a encore trop de
fierté pour vouloir profiter d'une pareille reffource. Le peuple fe corrigera de cette fierté,
fi on fuit les plans de M. Necker, & il faudra
finir par avoir affez d'hôpitaux, & affez bien
dotés, pour y recevoir & y foigner toute la
claffe qui vit de fon travail. J'entrevois donc
qu'alors le revenu net des propriétés, réduit
dans l'exemple cité à un cinquieme, & dans
l'hypothefe à un dixieme, devra être appliqué

tout entier à l'entretien des hôpitaux, & que
la France ne fera plus qu'un vafte domaine,
dont le revenu fera partagé entre le Roi &
les hôpitaux.

L'énormité de la taxe des pauvres dans cette
heureufe Angleterre, que M. Necker ne fe
laffe point d'admirer, à cela près feulement
qu'il y trouve trop de voleurs de grand chemin, eft un exemple de ce qu'il en coûte pour
foulager la mifere d'un peuple fortuné. Mais
la demande que font & les fermiers & les
propriétaires fonciers, qu'il foit fait des lois
pour limiter l'importation des grains, eft un
indice de la détreffe des cultivateurs, à qui
il faut la cherté forcée de cette denrée de
premiere néceffité, pour pouvoir foutenir la
culture. Cela fe rapproche du fyftéme des Economiftes, & pourroit nous donner en Angleterre le fpectacle d'une *guerre des farines.*

Quant à nous, craignons de rendre général
en France l'engourdiffement d'où les Efpagnols
ont tant de peine à fortir, & d'où l'Adminiftration provinciale du Berri s'efforce de
tirer cette province. Et pour ce qui eft des
complaintes fur la mifere du peuple, pour
autant qu'elle ne procede pas de la détreffe
du propriétaire, armons-nous contre cette

tentation de la réflexion de M. Necker,
(tome III, page 118) : « Que le contraste
» entre le luxe des uns & la modique for-
» tune des autres (dont les ames *trop fen-*
» *fibles* font nâvrées) ne repréfente point les
» proportions du bonheur. Hélas ! qui le
» croiroit ? dit-il, ce font ceux que *les loix*
» *de la propriété* réduifent en tout temps au
» fimple néceffaire, qui fupportent avec plus
» de tranquillité le fpectacle du fafte & de
» richeffe. Cette pompe eft à une fi grande
» diftance de leurs idées d'habitude, qu'ils
» s'accoutument à la contempler comme
» l'attribut de quelques êtres d'une nature
» différente de la leur . . . . . C'eft plu-
» tôt lorfqu'on eft inftruit par une forte
» d'aifance, c'eft lorfqu'on jouit déjà des
» commodités de la vie, qu'on devient
» jaloux du luxe des autres. C'eft qu'alors la
» vanité s'éveille, & que cette paffion eft une
» fource d'envie. Il faut pour s'en défendre
» éviter avec foin de s'écarter de l'état où
» la fortune vous a placé ». Et pour en défendre le peuple, pour l'entretenir dans cette
heureufe illufion qui lui fait regarder le fafte
& la richeffe comme l'attribut de quelques
êtres d'une nature différente de la fienne, il

faudroit qu'il vît moins souvent sortir du milieu de lui des nourrissons de la fortune, qui, sans avoir rien fait pour mériter ses hommages, & sans qu'il puisse les croire d'une nature différente de la sienne, lui donnent le spectacle de la pompe, du faste, & d'une oisiveté qu'il regarde comme le bonheur. Il n'en étoit pas ainsi lorsque la Noblesse & la richesse étoient presque inséparables, & que la premiere ne s'acquéroit que par les hauts faits, ou lentement dans des professions également honorables & pénibles.

Remarquons néanmoins sur la tirade philosophique de M. Necker, que ce ne sont point les *lois de la propriété* qui réduisent le peuple à l'étroit nécessaire ; que ce sont elles qui le lui procurent, & que sans la propriété il n'y auroit que des sauvages, qui vivroient de la chasse & des productions spontanées de la terre. Encore quelques déclamations comme celles de M. Necker contre la propriété & les propriétaires, & je ne désespérerai pas de voir renouveler des Romains la proposition des lois agraires, que les Tribuns du peuple ne proposoient que pour s'attacher la partie honteuse du peuple Romain, ce petit peuple habitué au séjour de Rome,

à fon marché & à fes comices, qui ne demandoit des terres que pour les louer à des
campagnards, & vivre du travail d'autrui,
en écoutant des harangues & en vendant
des fuffrages.

CHAPITRE XII.

*Sur l'augmentation progressive du numé-
raire.*

QUAND on fait commerce d'argent, &
qu'on le fait de maniere à avoir sa part de
celui qui entre dans un Royaume , & une
part plus grande à proportion que n'est la
diminution qu'éprouve la valeur de l'argent
qu'on a déjà , on doit trouver très-heureux
qu'il entre de l'argent dans le Royaume.

Quand on fait le commerce des denrées ,
& qu'on profite de leur renchérissement autant
ou plus qu'on n'y perd , & que l'accroissement
du numéraire facilite les emprunts que l'on
fait à un intérêt modique , pour gagner le
double ou le triple dans son commerce , on
félicite son pays de cet accroissement numéraire.

Quand on est à la tête des Finances , &
qu'en payant les intérêts des anciens emprunts
on en fait encore de nouveaux , on est bien
aise que l'accroissement du numéraire avilisse

l'argent qu'on paye, & donne la facilité d'en trouver.

Mais quand on n'est dans aucune de ces positions, & que l'on regarde la formation des fortunes nouvelles comme la marque certaine de la destruction de quelque fortune ancienne ou de la diminution de toutes, & comme une portion de la révolution par laquelle une nation de races gagnantes se substitue à la nation perdante des anciennes races, on pense un peu différemment de cet accroissement du numéraire ; & si on le regarde comme nécessaire, on ne le regarde pas moins comme un mal.

L'argent qui entre dans le Royaume ne va pas trouver directement celui qui cultive la cheneviere d'où est sortie la toile portée à Cadix, celui qui a nourri le mouton dont la laine couvre l'Anglo-Américain, celui à qui appartient la vigne dont le vin ou l'eau-de-vie s'est échangé contre de l'or, le propriétaire du mûrier, &c ; il passe par les mains d'un négociant qui a acheté au prix de la pauvreté & revendu au prix de la richesse ou du besoin : & tandis que l'accroissement du numéraire ne fait hausser que très lentement le prix des denrées dans l'intérieur, & en

reſſerrant tout à la fois n'enrichit perſonne, le négociant a déjà fait ſa fortune,
& le banquier la ſienne.

Voilà un des effets de l'accroiſſement du
numéraire depuis la découverte du nouveau
monde. C'en eſt un autre correſpondant à
celui-là que l'aviliſſement des cens & rentes,
qui, dans le dernier ſiecle encore, faiſoient
une partie conſidérable du revenu de nos
terres ; & c'eſt ainſi que, depuis l'heureux
voyage de Chriſtophe Colomb, la Nation
Françoiſe a été en partie retournée, & continuera à ſe retourner, juſqu'à ce que le peuple
ne voie au-deſſous de lui que des hommes
nouveaux qu'il mépriſera, & que le Roi ne
voie autour de lui que des hommes nouveaux
qu'il pourra traiter comme le Roi Chilpéric
traitoit ce Comte Leudaſte, qui étoit fils d'un
vigneron fiſcal.

M. Necker (tom. III, p. 79) fait l'aveu
de l'inutilité du commerce étranger & de
l'abondance du numéraire pour le bonheur
d'une Nation, dans l'hypotheſe qu'il établit à
la page 79 de ſon troiſieme tome. Comme
nous avons diſcuté une hypotheſe ſemblable
dans le ſupplément à ſon *Compte rendu*, que
nous pourrons donner au public, nous ne nous

y arrêterons pas ici; nous avertirons feulement que le Royaume de l'hypothefe, quoique
M. Necker le diffimule , doit perdre en population , en aifance , en bonheur & en force
réelle, tout ce qu'il lui fait gagner en numéraire , & que bien minces ou bien imaginaires
font les avantages qu'il lui procure par ces
accroiffement d'efpeces.

L'exemple des petites Républiques fans territoire , ou dont le territoire n'eft prefque
rien , féduit tous les politiques fuperficiels ,
qui ne réfléchiffent pas qu'une ville comme
Genève ne peut être floriffante qu'aux dépens
d'une grande étendue de pays que fon in-
duftrie met à contribution ; qu'une République
comme la Hollande n'a pu parvenir à un haut
degré de fplendeur que par des moyens qui
n'auroient pas fuffi pour procurer la même
fplendeur à une feconde République de Hollande , & qu'ainfi ce ne feroit pas affez de
toute la terre pour qu'un Royaume, comme
la France , pût obtenir le même genre de
profpérité. Mais en fuppofant même que telle
pût être la fplendeur factice de la France ,
quel Gouvernement pourroit être affez vigou-
reux pour tenir dans le devoir autant d'Amf-
terdam , de Rotterdam , de Fleffingue , que

ce

ce Royaume en comporteroit ; & où trouve-
roit-on des foldats pour le défendre contre
les peuples pauvres dont fa richeffe irriteroit
la convoitife & aiguiferoit le courage ?
M. Necker croit que dans un Royaume pauvre
en efpeces , mais riche en hommes & en fubfiftances , il n'en coûteroit pas beaucoup pour
corrompre les Généraux , les Soldats , & les
Miniftres. Je penfe que dans un Royaume
très-riche on trouveroit plus d'hommes ac-
ceffibles à la corruption. Les riches Empereurs
des Romains , plus riches encore que nous ,
corrompirent , il eft vrai , chez les pauvres
barbares les Généraux & les Rois eux-mêmes :
mais il ne fallut que peu de fiecles pour
prouver que des peuples pauvres n'acceptent
les dons qu'on leur fait, que comme des à
compte du pillage **général** qu'ils fe promet-
tent des richeffes du **peuple** opulent.

L'argent eft puiffance pour un citoyen qui
fait des conquêtes fous la protection des lois.
Il eft puiffance pour une petite République
qui , fous la protection du fyftéme de l'Europe ,
achete des foudoyés pour fe mettre à l'abri
d'un coup de main ou des protecteurs auprès
des grandes puiffances. Pour un grand Royaume,
les hommes , les fubfiftances & la vertu font

L

puiſſance. Et ſi de 40. millions qui entrent tous les ans en France, 10 millions ſeulement reſtent entre les mains des agens du commerce pour devenir richeſſe, c'eſt une puiſſance de 10 millions que quelques hommes emploient pour s'emparer de ce qui leur convient, & mettre ou tenir dans la ſervitude autant d'hommes qu'on en peut ſalarier avec l'intérêt de 10 millions. Et la vertu, où eſt-elle? & que gagne-t-elle à cette ſubſtitution d'hommes engraiſſés de lucre, aux hommes qui, riches de leur patrimoine, croyoient ne devoir ſervir que l'Etat, & le devoir ſervir aux dépens de leur fortune & de leur ſang?

CHAPITRE XIV.

Sur l'intérêt de l'argent, le ménagement du crédit & la circulation. Tom. III, chap. 21, pag. 236.

C'est ici que doit se développer toute la science de M. Necker : c'est ici qu'il doit paroître dans toute sa grandeur & avec toutes ses ressources : c'est ici que nous devons l'écouter avec respect, si pourtant il nous a dit tous ses secrets.

N'examinons pas rigoureusement la doctrine de ce savant Administrateur sur le prêt à intérêt. Les hommes de sa trempe ont rendu tout l'hommage qu'ils doivent, & à la législation mosaïque, & à l'austérité théologique, lorsqu'ils ont dit (tom. III, pag. 238), que *le bas intérêt de l'argent est un des grands moteurs de toutes les entreprises utiles;* car il suit de là, que si cet intérêt devenant infiniment petit, on continuoit néanmoins de prêter, tout en iroit beaucoup mieux. Au reste, toute Nation n'est pas né-

L ij

ceſſairement en tel état que les emprunts y
ſoient néceſſaires pour les entrepriſes utiles.
La mode peut être quelque part de faire peu
d'entrepriſes & de n'en faire qu'avec l'argent
qu'on a, & la mode contraire ne s'établit qu'où
il y a beaucoup de gens mécontens de leur
état & de leurs moyens, qui, pour ſe faire la
fortune qu'ils convoitent, ont beſoin de l'argent
qu'ils n'ont pas. Ce n'étoit pas là ſans doute
ce que le Légiſlateur des Hébreux déſiroit à
ſa Nation, puiſqu'il leur défendoit de ſe prêter
à intétêt les uns aux autres, & ne leur permettoit d'exiger des intérêts que des étrangers.
Nous fûmes un peu de cette religion-là autrefois. De gentilhomme à gentilhomme le prêt
& le cautionnement étoient des ſecours généraux ; mais les bourgeois nous traitoient en
étrangers.

M. Necker dit une vérité importante, lorſqu'il nous enſeigne (tom. III, pag. 239), que
les prêteurs, conſidérés en général, ne ſont que
des propriétaires inactifs, c'eſt-à-dire, que les
capitaliſtes font travailler leur argent pour eux,
& qu'eux-mêmes ne font rien. En ce cas, quelle
énorme ſolde eſt payée en Europe, & particulierement en France, à la fainéantiſe & à
l'inutilité ! Ce n'eſt peut-être pas trop avancer

que de dire qu'il y a la moité du produit net
des fonds qui eſt employée à ſoudoyer des
gens qui ne ſoignent, ne ſurveillent ni ne travaillent. 207 millions d'intérêt que payent
l'Etat, ſont déjà près du tiers des revenus fonciers. Joignez à cela les profits de l'agiotage
& toutes les créances ſur particuliers qui
portent intérêt. Combien donc de Chrétiens
ſont loin du bonheur promis aux Juifs de
n'emprunter de perſonne, & combien traitent
leurs freres comme des étrangers !

Je ne ſais pas comment on peut traiter de
ſang froid la théorie des emprunts publics ,
quand on a médité ſur les effets funeſtes des
dettes publiques & privées, ſur la ſomme
preſque infinie de temps, d'intelligence, & de
talens , qui eſt perdue pour la Nation, & ſur
les inconvéniens ſans nombre qui réſultent de
cette maſſe d'oiſiveté, qui eſt la mere de tous
les vices.

C'eſt pourtant par des emprunts que
M. Necker a cru qu'il falloit préparer la Nation à ſupporter de nouveaux impôts ; c'eſt-
à dire, qu'il a penſé qu'après avoir énervé
encore pluſieurs milliers d'hommes, après avoir
détourné encore un milliard d'argent des
emplois fructifians & fécondans, il trouveroit

la Nation bien plus robuste pour supporter le
fardeau des nouveaux impôts que nécessitoient
tant & de si forts emprunts.

Il est vrai que M. Necker (tom. 111, page
245.) paroît croire que le troisieme vingtieme
peut être supprimé, & qu'il ne faut plus que
peu d'emprunts pour liquider quelques dettes
arriérées, après quoi le Roi pourra faire face à
tout, sans aucun *emprunt considérable.* Mais voilà
une restriction ; & il paroît bien que M. Necker
crroit à la nécessité continuée des emprunts,
puisqu'il compte *l'étendue remarquable de tré-
sors que la paix introduira dans le Rayaume,*
entre les moyens qui *applanissent sans effort les
voies de l'Administration*, & que tout de suite
il nous parle du discrédit des Anglois, qui en-
gagera la Hollande à placer ses épargnes en
France plutôt qu'en Angleterre. O ma Nation !
seras-tu donc toujours sous la malédiction pro-
noncée contre un peuple réfractaire ? *Tu em-
prunteras toujours, & tu ne prêteras à personne.*
C'est au contraire une grande bénédiction, selon
M. Necker, d'emprunter de tout le monde ; mais
c'est le bonheur d'un prodigue qui réussit encore
à tromper le public, & dont les affaires n'en font
que plus désespérées (tome III, page 244). Si
e compte public rendu sous l'Administration

de M. Necker a fait ceſſer l'obſcurité qui avoit environné les Finances depuis pluſieurs ſiecles, ce n'a été que pour nous apprendre qu'au moment de ſa retraite il ne reſtoit que 1200 mille livres de fonds libres, & qu'ainſi tout emprunt étoit impoſſible ſans une augmentation d'impôts. Sa retraite a laiſſé à ſes ſucceſſeurs le ſoin de faire cette augmentation d'impôts *publics & connus*, comme il les falloit; & il nous apprend aujourd'hui qu'il entre tous les ans des tréſors conſidérables dans le Royaume, non pas pour le compte du Roi qui ne fait pas le commerce, mais pour le compte du négoce, dans lequel il doit ſe former chaque année de nouvelles fortunes, & pour la facilité des emprunts, qui doivent fonder auſſi chaque année de nouvelles fortunes de capitaliſtes. Car du reſte l'accroiſſement du numéraire doit augmenter les dépenſes du Gouvernement bien plus que ſes revenus, ſi on n'augmente pas les impôts. Et comment augmentera-t-on les impôrs ſur les terres, ſi on commence par ſuivre l'enſeignement de M. Necker?

J'ai eu peine à revenir de ma ſurpriſe après avoir lu les pages 265 & ſuivantes du tome IIIᵉ. J'y ai vu la diſtinction de deux circulations ou de deux emplois du numéraire, dont

L iv

une partie fert de mesure continuelle dans les
échanges , en forte que le prix des denrées
hausse ou baisse felon que cette portion du
numéraire est plus ou moins forte ; l'autre qui
est le très - gros excédant de la premiere, &
dont la circulation importe au crédit public ,
« parce que c'est cette circulation qui ramene
» des mains de tous les habitans du Royaume
» (t. III , p. 267) *dans les mains des capitalistes*
» toute la partie du numéraire qui n'est pas né-
» ceffaire à la facilité des transactions multi-
» pliées, qui font l'effet des dépenses de l'Etat &
» de l'universalité des citoyens ». Plus cette circulation est rapide , moins l'argent met de temps
à fe réunir de nouveau entre les mains des
capitalistes en général , « & particulierement
» encore entre les mains des capitalistes de
» Paris, qui , jufqu'à fes derniers temps , étoient
» prefque les feuls du Royaume qui s'intéref-
» faffent dans les fonds publics ».

La différence qu'on a pu remarquer entre
l'ufage plus étendu que l'Angleterre a fait de
fon crédit & celui bien plus borné que la
France a fait du fien , doit être principalement
attribuée à ces deux circonstances (tome III ,
pag. 271) , « que prefque tout le numéraire
« de l'Angleterre est dans la ville de Londres ,

» qui fe trouve tout à la fois port de mer,
» capitale, chef-lieu de commerce, & centre
» de prefque tous les paiemens de banque » ;
& à cette autre circonftance, que prefque
toutes les efpeces d'or & d'argent y font dans
des dépôts (peu fideles), & que les particuliers n'ont pour leur ufage ordinaire que des
billets de banque qui font office d'argent. « Si
» donc (tom. III, pag. 273) l'Adminiftration
» des Finances en France peut par fes foins
» abréger une circulation dont la rapidité eft
» fi effentielle, il eft cependant des défavan-
» tages qu'elle ne fauroit vaincre ni chan-
» ger .... Il faut donc qu'elle fe borne
» (tome III, page 272) à l'animer & à
» l'accélérer par des moyens doux » ; de maniere que tout l'argent que le Roi dépenfe
rentre le plutôt poffible dans les mains des
capitaliftes, qui le lui prêteront de nouveau.
Il ne faut point non plus fouffrir d'argent oifif
dans le tréfor royal. « Il eft bon (tome III,
» page 277) qu'une caiffe d'efcompte difpenfe
» les négocians de garder des fonds de précau-
» tion; il eft bon que la circulation des billets
» de cette caiffe laiffe beaucoup d'argent oifif,
» afin qu'on n'ait rien de mieux à en faire qu'à
» le prêter au Roi. Il feroit bon encore de fa-

» vorifer la fabrication des monnoies d'argent
» plus que celles des monnoies d'or, parce
» que ces dernieres entretiennent davantage
» l'efprit de théfaurifation ». Et remarquez,
que la partie du numéraire dont M. Necker
veut balayer tout le Royaume avec tant d'ardeur, eft la même, felon lui (tom. III, pag.
267), qu'on peut appliquer aux *emplois utiles*,
» & qui fe porte, ou aux emprunts de l'Etat
» & des particuliers, ou aux entreprifes de
» toute efpece ». Mais dans la pratique, cette
partie du numéraire ne peut être diftinguée de
celle qui fert aux échanges, & dont la fomme
eft impoffible à connoître. « Ainfi l'attention
» que le Miniftre des Finances doit avoir d'a-
» nimer & d'accélérer la circulation qui ramene
» l'argent dans les mains des capitaliftes par des
» moyens doux, fages, & analogues aux
» mœurs, aux ufages & à la nature du Gou-
« vernement », peut d'autant mieux aller
jufqu'à diminuer cette partie du numéraire,
dont l'accroiffement eft indiqué par le ren-
chériffement des denrées, que la *multitude des*
petites fommes d'argent (tom. III, pag. 271)
qui reftent entre les mains des particuliers, y
eft *en ftagnation*, & que tout cet argent qui eft
épars dans un Royaume, n'y fert, *pour ainfi*

dire , qu'à la facilité des comptes (tome III , p. 275). *L'activité*, au contraire, *de cette espece de circulation*, qui ramene l'argent dans les mains des capitalistes, & le tient dans un grand mouvement par l'agiotage des effets royaux, *est un moyen d'emprunter plus facilement ; & cette facilité d'emprunter est la principale force de l'Etat.* Qu'on dise après cela que c'est sérieusement que M. Necker voudroit que les évêques & autres bénéficiers résidassent dans les lieux d'où ils tirent leur revenu ; qu'il voudroit obliger à la résidence tous ceux qui ont dans les provinces de grands emplois civils & militaires ; qu'on dise que c'est à regret qu'il voit qu'on ne peut y envoyer les riches propriétaires ; qu'on dise que c'est de bonne foi qu'il veut faire augmenter les salaires de la derniere classe du peuple, ou qu'il n'y a point de contradiction entre ce vœu & celui de ne laisser que le moins d'argent qu'il est possible dans la circulation qui donne de la valeur aux propriétés ; qu'on dise qu'il n'y a pas non plus de contradiction entre ce dernier vœu & celui d'occuper 20 millions au remplacement des corvées, ou que le but de ce remplacement n'a pas été de former dans les provinces des embryons de capitalistes, qui apporteront un jour dans la Capitale l'argent

qu'ils auront amaffé fur les chemins ; qu'on
dife que M. Necker a défiré férieufement la
fplendeur du commerce & l'emploi d'une partie
des capitaux qu'il occupe aux entreprifes les
moins lucratives & les plus utiles à l'Etat,
lorfqu'il paroît fe féliciter de ce que, fous fon
Adminiftration, d'autres capitaliftes que ceux
de la Capitale fe font intéreffés dans les emprunts publics ; qu'on dife que fon meilleur
inftrument pour balayer l'argent du Royaume
& le ramener à Paris, étant le *droit fouverain*
d'impofer, il a été de bonne foi lorfqu'il a
affecté cette grande averfion pour les nouveaux
impôts ; qu'on dife que ce n'a pas été pour
balayer l'argent des provinces qu'il a exigé
de tous les employés dans les provinces des
fupplémens de cautionnement, & de tous les
pourvus d'offices une avance de fix années de
leur centieme denier ; qu'on dife qu'il a défiré
que l'argent levé par le Roi retournât à ceux
qui le donnent, lorfqu'il fe plaint de la dif-
perfion de l'argent par les dépenfes de la guerre,
& regarde comme un grand mal qu'il emploie
peut-être trois ans à revenir dans les mains des
capitaliftes ; qu'on dife en un mot, que fa machine
financiere n'eft pas une machine au jeu de laquelle
il facrifie tous les intérêts & tous les droits.

L'auteur des Elémens de la Politique, qui écrivoit il y a plus de vingt ans, exposa un pareil système dans toute sa nudité. M. Necker a donné la vie à ce squelette, l'a revêtu de muscles & de chairs, & n'a rien épargné pour le mettre en état de devenir l'idole de l'Administration. Mais c'est une raison pour nous dispenser des ménagemens que nous devions d'ailleurs au caractere de l'homme privé, & de faire voir, avec toute la vérité que nous devons à nos Lecteurs, jusqu'à quel excès l'homme public a été entraîné par l'esprit de la profession premiere à laquelle il étoit voué.

Ce feront donc des capitalistes qui auront la plus grande partie possible de l'argent du Royaume; c'est donc dans leurs mains qu'il doit rentrer au moins tous les trois ans, mais tous les ans, & même plus souvent s'il est possible, afin qu'ils le revendent chaque fois au Roi de la maniere qui fera le plus à leur *goût.* Ce feront donc ces capitalistes, plus ou moins nombreux, qui feront nos Rois & à qui nous offrirons en tribut tout l'argent qui leur aura échappé; & si leurs fortunes s'entre-dévorent ou s'accouplent, à quel nombre pourront être réduits ces capitalistes? A une centaine de banquiers peut-être, ou à autant d'hommes

qu'il y aura d'actionnaires de la caisse d'es-
compte. Car j'entrevois que ce sera autour
de cette caisse que s'assemblera le parlement
des hauts Barons, ou que l'Aristocratie financiere tiendra ses plaids.

Et quels hommes encore sont ces capitalistes, entre les mains de qui sera toute la puissance, *la principale force de l'Etat* (tom. III,
pag. 114 & 115)? Ce sont des hommes dont
la *fortune mobiliere* est *immense* & le deviendra
toujours davantage par *l'accroissement de la dette
publique*, qu'il faut par conséquent ménager en
ne *portant* pas *une atteinte trop sensible à l'usage
des richesses* par les impôts sur le luxe, parce
que la mobilité de leur fortune leur *permet
de se transporter ailleurs & de s'éloigner des
lieux où les lois fiscales seroient trop sévères*
(tom. III, p. 312). Ce sont *des hommes indépendans, dont l'immensité des emprunts & les
hauts intérêts qu'on a été obligé d'accorder, ont
accru le nombre & la fortune, qui composent une
classe dont la richesse est toute mobiliere, & qui
peuvent plus aisément se déplacer & changer de
domicile,* & qui en changeront du moment où
les impôts auront été si multipliés, que le prix
de la plupart des objets *utiles ou agréables*
aura considérablement augmenté. C'est donc pour

eux qu'il faut mettre des bornes aux impôts
fur le luxe ; ce font eux qu'il faut ménager à
la capitation, c'eft d'eux qu'il ne faut exiger
ni vingtiemes, ni fous pour livre ; c'eft pour
eux qu'il faut achever d'abolir le droit d'aubaine, aujourd'hui pour qu'il nous vienne
des capitaliftes Anglois, & demain pour
qu'à la faveur de la réciprocité nos capitaliftes puiffent paffer en Angleterre, ou, en
menaçant le Roi de cette émigration, lui faire
la loi plus impérieufement que jamais les
hauts Barons ne la firent à nos anciens Rois.
L'émigration de deux ou trois capitaliftes du
premier ordre fera l'alliance des Ducs de
Bourgogne & de Bretagne avec l'Angleterre ;
& ce fera avec l'argent de la France, avec
leur part des tributs des peuples, que ces nouveaux Barons feconderont les efforts de l'Angleterre pour écrafer la France.

Ainfi, les priviléges, les exemptions, le
crédit fe rangent du côté où eft la force de
l'Etat. Elle étoit autrefois dans les gens de
cœur, qui avoient des armes & des chevaux,
& nos Rois de la feconde race firent des
capitaliftes en cédant aux *Seigneurs* bannerets,
leurs petits vaffaux, leur autorité & leurs
revenus. Aujourd'hui la force de l'Etat eft

dans l'argent ; & on confeille au Roi de nous
donner, avec nos biens, à ceux qui ont de
l'argent, & d'achever de fe mett lui-même
dans leur dépendance.

CHAPITRE

CHAPITRE XV.

Ce qu'on auroit pu attendre de M. Necker.

CONCLUSION.

AUTREFOIS je crus à M. Necker des vues bien différentes. J'avois lu dans une de ses notes sur l'éloge de Colbert, que les intérêts payés par le Roi n'étoient pas ruineux pour la Nation, quand ils alloient aux mains de ceux qui payoient les impôts. Je crus qu'il avoit deviné un plan de libération dont je m'étois occupé il y avoit douze ou quinze ans. Je le vis établir des Administrations provinciales; je pensai que c'étoit un préliminaire de cette libération ; qu'il vouloit se faire hors de la Capitale & dans toutes les provinces des crédits qui tinssent l'argent plus épars; & quoique je n'approuvasse pas cet emploi des Administrations, parce qu'à plusieurs égards e regarde les emprunts comme une ressource funeste, je voyois un moindre mal dans cette dispersion des prêteurs & des caisses. Je me

M

doutai bien qu'en ouvrant des canaux & des chemins par tout le Royaume, l'intention du Miniftere étoit de tout mettre, hommes & biens, dans la circulation, qui finit par tout amener dans la Capitale: mais je crus qu'on avoit en vue de donner par-là plus de valeur à nos denrées, & d'attirer ainfi plus d'argent dans les mains de ceux qui payent les impôts; que c'étoit un inconvénient inévitable, & non un avantage qu'on fe propofât, que cette affluence de toutes les richeffes dans Paris. Je défirois qu'il y eût un fonds extraordinaire & toujours prêt pour les dépenfes de la guerre, & j'entrevoyois la poffibilité de le porter à 150 millions. Je vois qu'on n'a jamais imaginé d'autres fonds que celui des emprunts, c'eft-à-dire, la vente fucceffive du Royaume à un petit nombre d'entrepreneurs à forfait.

D'après cela, on finit par une belle déclamation contre la guerre, qui redonneroit quelque valeur aux hommes que l'on veut avilir pour les mieux opprimer! enfuite, on nous offre un magnifique tableau de la France, mais en n'y faifant entrer que ce qui peut la recommander comme machine fifcale! O mon Roi! on vous confeilloit l'humanité & la bienfaifance, parce qu'on favoit bien que vous êtes humain & bien-

faisant. On vous parloit beaucoup moins de
justice, ou si l'on vous en parloit, ce n'étoit qu'en
la généralisant, comme si vous aviez dû être
le premier Législateur de votre Royaume, &
que jusqu'à vous il n'eût été peuplé que de
sauvages : mais c'est qu'on craignoit votre respect
pour les lois, par lesquelles vous êtes tout ce
que vous êtes ; c'est qu'on vouloit endormir
votre amour pour la justice, qui seule affermit
les Trônes , comme c'est l'injustice qui les
renverse.

Je voulois parcourir les erreurs de détail,
les apperçus d'entreprises fausses ou peu utiles,
les preuves éparses des deux systêmes que je
reproche à M. Necker ; mais je suis las de marcher sur les traces d'un autre ; & je ne crois
pas qu'après m'avoir lu, personne puisse douter
que M. Necker n'ait eu dessein , 1°. d'établir
en France l'égalité républicaine, qui auroit fait
de ce Royaume une *Monarchie démocratique* ,
c'est-à-dire, ou un Empire despotique & do-
manial, ou une grande Démocratie fédérative,
présidée par un Doge ou un Stathouder :
2°. de ne faire de tout le Royaume qu'une
machine de Finance montée pour les emprunts
& les impôts, & qui n'auroit eu de mouvement que par cette circulation ; d'où il seroit

arrivé, contre fon intention, j'aime à le croire, qu'un corps de capitaliftes indépendans auroit compofé la feule Ariftocratie qui auroit encore été connue dans ce Royaume. Or, quand dans un Ouvrage de ce genre on a faifi les grandes vues de l'auteur, les détails deviennent infi-pides, foit parce qu'ils rentrent d'eux-mêmes daus les plans généraux, foit parce que ce ne font que des acceffoires qui ne fervent, comme des épifodes, qu'à délaffer le lecteur, ou comme les étoffes riches dont on couvre certaines ftatues, qu'à cacher la difformité de l'idole.

Rien d'ailleurs n'eft moins utile que de fuivre un écrivain dans tous fes écarts, puifque ce feroit détourner ou affoiblir l'attention qu'il faut fixer fur ce qui eft vraiment important. J'aurois commis cette faute, fi je m'étois arrêté à examiner minutieufement le projet de réforme de l'impôt du fel, à critiquer celui de la fup-preffion des aides, à difcuter fur le changement des corvées en une impofition pécuniaire, à difcuter l'idée des ateliers de charité, à pefer les avantages & les défavantages du droit d'aubaine, à faire ou à commenter un traité fur les hôpitaux & les prifons. Ce font-là les chairs & les mufcles dont j'ai dit que M. Necker a revêtu fon fquelette.

Quand on a fait de son mieux pour empêcher la séduction & prévenir la contagion d'erreurs dangereuses, que peut accréditer un nom célebre & chéri, on a fait tout ce qui étoit nécessaire. Si de plus on a substitué des vérités à des erreurs, on a encore fait tout ce qui étoit utile; & si l'on veut continuer d'écrire, il faut édifier, sans perdre davantage son temps à détruire. Ce fut le parti que je pris dès que le *Compte rendu* fut devenu public. Après en avoir fait une critique qui ne devoit être que pour moi, je fis un *Compte à rendre au Roi de l'état de son Royaume.* Ce compte est resté à rendre, parce qu'il n'est pas facile à un citoyen sans prétentions & sans intrigue, qui n'est entraîné par aucun tourbillon, de faire parvenir au Roi un Ouvrage de ce genre, & que le donner au public, eût été terrasser un homme, ou du moins accumuler ses douleurs après sa chute.

J'ai cru devoir en ce moment prendre un autre parti, parce qu'un livre dogmatique, composé par un homme célebre, ne peut être méprisé d'aucun de ses lecteurs. S'il est dangereux, c'est un devoir de tout citoyen, qui croit le pouvoir, de le réduire à sa juste valeur. Si après avoir rempli cette tâche & relu le

Compte à rendre, je crois que ce dernier puisse encore être utile ? je le donnerai aussi au Public, comme un supplément dont les deux Ouvrages de M. Necker, & tous ceux qui ont été faits sur ces matieres, ont un égal besoin ; car cet ancien Administrateur n'est ni le premier ni le seul qui, en s'occupant des Finances, se soit pénétré du besoin d'argent au point d'oublier tous les autres besoins & les moyens d'une grande Nation qui a tant de richesses & un territoire aussi vaste.

F I N.

TABLE
DES CHAPITRES.

INTRODUCTION, page 1

CHAPITRE PREMIER. *Raisons générales des méprises de M. Necker,* 9

CHAP. II. *Si l'on peut faire certains reproches à M. Necker, qui n'a été Ministre que des Finances,* 15

CHAP. III. *Cause louable de plusieurs méprises de l'Auteur,* 20

CHAP. IV. *Popularité de M. Necker,* 23

CHAP. V. *Examen du projet de réforme conçu par M. Necker, & premierement de son utilité,* 31

CHAP. VI. *Suite de l'examen de la réforme conçue par M. Necker : on fait voir qu'elle seroit injuste,* 51

CHAP. VII. *Suite du même sujet : que la réforme conçue par M. Necker seroit pernicieuse,* 62

TABLE

CHAP. VIII. *Rapprochement de deux lois que M. Necker a fait enregistrer, avec des remarques sur quelques autres. Tailles, Capitation, Vingtiemes,* 85

CHAP. IX. *Sur la conversion de toutes les contributions de la France en un seul impôt territorial,* 109

CHAP. X. *Des Administrations provinciales,* 123

CHAP. XI. *Du Clergé,* 132

CHAP. XII. *Du luxe, des dépôts de mendicité, des hôpitaux, des ateliers de charité,* 138

CHAP. XIII. *Sur l'augmentation progressive du numéraire,* 157

CHAP. XIV. *Sur l'intérêt de l'argent, le ménagement du crédit, & la circulation,* 163

CHAP. XV. *Ce qu'on auroit pu attendre de M. Necker. Conclusion,* 177

Fin de la Table.